M. Friedrich von Maasburg

Die Organisierung der böhmischen Halsgerichte im Jahre 1765

M. Friedrich von Maasburg

Die Organisierung der böhmischen Halsgerichte im Jahre 1765

ISBN/EAN: 9783742893956

Hergestellt in Europa, USA, Kanada, Australien, Japan

Cover: Foto ©ninafisch / pixelio.de

Manufactured and distributed by brebook publishing software (www.brebook.com)

M. Friedrich von Maasburg

Die Organisierung der böhmischen Halsgerichte im Jahre 1765

Die Organisirung

der

böhmischen Halsgerichte

im Jahre 1765.

Von

Dr. M. Friedrich von Maasburg,

Hofsecretär in der Cabinetskanzlei Seiner Majestät des Kaisers Franz Joseph I.

> Magistratibus .. opus est, sine quorum prudentia
> ac diligentia esse civitas non potest, quorumque de-
> scriptione omnis rei publicae moderatio continetur.
> Cicero, de leg. III, 2.

Prag.

Druck und Verlag von Carl Bellmann.

1884.

Alle Rechte vorbehalten.

Vorwort.

Die Entstehungsgeschichte eines jeden der Vergangenheit angehörenden, das Rechtsleben mächtig beeinflußenden Gesetzes, erleichtert nicht nur das Studium desselben, sondern bietet auch in culturhistorischer Beziehung Interesse, da uns die Klarlegung der Gründe, welche bei dessen Erlassung die Legislative beeinflußten, meist auf von der Gegenwart ganz verschiedene Verhältnisse hinweist und die mannigfachen Fortschritte der Neuzeit auf dem Gebiete des öffentlichen wie des Privatlebens klar erkennen läßt.

Von dieser Erwägung ausgehend, schien mir die im vorigen Jahrhunderte zufolge des Patentes vom 19. August 1765 durchgeführte Organisirung der Halsgerichte in Böhmen eines eingehenderen Studiums werth, da hiedurch die Besserung der damaligen sehr traurigen Justizzustände jenes Landes angebahnt wurde, diese letzteren aus obigem Anlasse unter der Regierung Karl's VI. und Maria Theresia's durch mehr als vier Decennien den Gegenstand wiederholter amtlicher Erhebungen bildeten, bisher aber in der heimischen Literatur ebensowenig wie die zur Erzielung der angestrebten Reform in Antrag gebrachten Mittel eine entsprechende Würdigung fanden,*) obzwar dies zum Verständnisse des vorerwähnten Patentes unbedingt nothwendig erscheint.

Die Hauptquelle für meine archivarische Forschung bildeten hiebei die in der oberstgerichtlichen Registratur verwahrten Organisirungsacten, welche mir mit Bewilligung Sr. Excellenz des Herrn Präsidenten Ritter von Schmerling zur Verfügung gestellt wurden. Die zahlreichen Rescripte und Hofresolutionen, welche in dem Patente vom 19. August 1765 erwähnt werden oder doch damit in innigem Zusammenhange stehen, konnten dagegen nur mit Mühe in verschiedenen Archiven eruirt werden. Ich habe die wichtigsten davon chronologisch zusammengestellt und, um sie der Vergessenheit zu entreißen, im Anhange zum Abdrucke gebracht.

Für die überaus freundliche Unterstützung, welche mir der Custos der kaiserl. Familien-Fideicommiß-Bibliothek in Wien, Herr W. Schaffer, und der Hilfsämterdirector am k. k. obersten Gerichtshofe, Herr L. Längsfeld, bei Sammlung der zur Lösung meiner Aufgabe erforderlichen Materialien gewährten, spreche ich denselben hiemit meinen verbindlichsten Dank aus.

Wien, am 8. April 1884.

Dr. v. Maasburg.

---

*) Domin-Petrushevecz (Neuere österr. Rechtsgeschichte, S. 38 ff.) und Schmidt von Bergenhold (Geschichte der Privatrechts-Gesetzgebung ic. in Böhmen, S. 274 ff.) beschränken sich auf eine auszugsweise Mittheilung des oben citirten Patentes; die seinem Erscheinen vorangegangenen Verhandlungen waren ihnen offenbar ganz fremd.

Um die Mitte des vorigen Jahrhunderts waren in Böhmen im Sinne des Artikels II der zu jener Zeit daselbst geltenden neuen peinlichen Halsgerichtsordnung Josephs I.,[1]) zufolge besonderer Verleihungen oder auf Grund wohlhergebrachter Gewohnheit außer P r a g mit seinen vier Magistraten [2]) und dem akademischen Senate der Universität, [3]) im

---

[1]) Der citirte Artikel bestimmt im Eingange, daß „nicht einem jedweden Gerichte in peinlichen Sachen recht ergehen zu lassen zustehet, sondern nur denenjenigen, welche solche Macht durch besondere Belehen- und Verleihungen, Privilegien oder wohlhergebrachte Gewohnheit überkommen haben."

[2]) Nämlich je einem auf der A l t s t a d t, N e u s t a d t, K l e i n s e i t e und auf dem H r a d s c h i n (auch obere Stadt genannt). Die Vereinigung zu einem einzigen Magistrate erfolgte erst 1784. (Vergl. K. J. E r b e n: „Die Primatoren der königl. Altstadt Prag" (1856), S. 236 ff. S c h m i d t von Bergenhold: „Geschichte der Privatrechtsgesetzgebung und Gerichtsverfassung im Königreiche Böhmen" (Prag, 1866), S. 425). Was den H r a d s c h i n e r Magistrat anbelangt, erscheint übrigens bemerkenswerth, daß demselben kurz vor der eben erwähnten Vereinigung wegen hervorgekommener Rechtswidrigkeiten und mangelhafter Besetzung, mit Hofdecret vom 21. Februar 1783 die Judicatur in Criminalsachen entzogen, sowie für die diesen Stadttheil betreffenden Angelegenheiten dem Kleinseitner Magistrate übertragen und der Hradschiner Gemeinde nur die Pflicht zur Beitragsleistung ad fundum criminalem auferlegt wurde.

[3]) Ueber die Jurisdiction des akademischen Gerichtes (Senatus academicus in judicialibus), welche durch die Resolutionen Ferdinand III. vom 8. Juli und 16. September 1654 (Weingarten's Codex Ferd. Leop. Joseph. S. 304, Nr. 175) neu geregelt wurde und sich in erster Instanz auf die Mitglieder der Universität erstreckte, vergl. W. W. C o m e l: „Geschichte der Prager Universität" (1849), S. 280; S c h m i d t von Bergenhold a. a. O. S. 344 ff; Dr. J. C e l a k o w s k ý in der Zeitschrift „Právnik", Jahrg. 1879, S. 544. Bei S c h m i d t findet sich auch (im Anhange, S. 18) ein Verzeichniß der Assessoren dieses Gerichtes, welche keinen Jahresgehalt bezogen und deren Zahl im Interesse einer schleunigen Beförderung der ihnen anvertrauten Justizgeschäfte mit dem Hofrescripte vom 5. April 1763 von vier auf neun vermehrt wurde. (Archiv des obersten Gerichtshofes, Fasc. 58).

Ganzen noch 381 Städte, Märkte und Dominien zum Blutbanne berechtigt.⁴)

Factisch wurde freilich das jus gladii nicht an allen diesen Orten ausgeübt;⁵) aber auch dort, wo man an dem einmal zustehenden Rechte strenger festhielt und dasselbe äußerlich zur Geltung brachte, kamen bei den meisten dieser so zahlreich über das Land vertheilten Halsgerichte, namentlich in schwereren peinlichen Fällen grasse Uebelstände zum Vorschein, weil die Gerichtsherren nur selten in der Lage waren den in der Josephina an die Landgerichte gestellten Anforderungen zu entsprechen ⁶) und die städtischen Gerichte, selbst wenn sie gesetzkundige Rathsmänner in ihrer Mitte zählten, einem oft geradezu unverantwortlichen Verschleppungssysteme huldigten.

Bereits Carl VI. hatte 1722 die böhmische Hoffkanzlei angewiesen, sich nach Einvernahme der Prager Appellationskammer vor Allem mit der Frage zu beschäftigen, wie der Verzögerung in Straffachen, die man hauptsächlich auch der immer häufiger vorkommenden Ueberreichung und mangelhaften Instruirung der Gnadengesuche zuschrieb, wirksam gesteuert werden könnte. ⁷) Nach der hierüber am 16. Juli

---

⁴) S. das Verzeichniß im Anhange unter Nr. XIV. In den Acten ist die Zahl der zum Blutbanne berechtigt gewesenen Orte, offenbar in Folge ungenauer Zählung und mangelhafter Erhebung, irrig bald mit 365, bald mit 375 angegeben.

⁵) Vergl. das eben erwähnte Verzeichniß.

⁶) Und zwar bestimmte der Art. II, § 3 der Josephina: „es solle außerhalb der Städten ein jedwederes Land-Gericht neben dem Directore, Land-Gerichts-Verwalter oder Gerichts-Ambtmann wenigstens mit neun Persohnen besetzet und diese alle fromme, Gotts-fürchtige und von allen Passionen, Neigungen, Rach, Partheylichkeit, Geitz und Untreu befreyte, auch sofern der Inquisitns mit einem aus deß Gerichts-Persohnen anverwandt wäre, an dessen Stelle eine andere taugliche, zu diesem actu inquisitionis allein surrogirte Persohn und alle so viel möglich in denen Rechten (besonders aber was die Criminal-Begebenheiten anlanget) in dieser und auch Kayser Carl des Fünfften lobseeligster Gedächtnus aufgerichteten Peinlichen Ordnung wohlerfahrene und zum Blut-Bahn vermög der Formulae juramenti besonders geschwohrene Leuthe seyn."

⁷) Veranlassung hiezu bot der nachstehende Straffall: Ein Tuchmachergehilfe, Namens Andreas Wällisch, welcher zu Teinitz in Arbeit stand, hatte seiner Meisterin einen Geldbetrag entwendet und sich nach seinem Heimathsorte Neustadtl (in Böhmen) geflüchtet, wo er ausgeforscht wurde. Der zu gewärtigenden Strafprozeßkosten wegen, kam es, wie wohl häufig in solchen Fällen, zu einem Competenzstreite. Weder das Gericht in Teinitz, noch jenes in Neustadtl wollte die Untersuchung durchführen und dieselbe gelangte, obgleich der Inquisit geständig war, erst über wiederholte obergerichtliche Weisung nach drei Jahren zum Ab-

desselben Jahres erstatteten gutächtlichen Aeußerung des Appellations=
gerichtes, hatte diese zunächst ihren Grund darin, daß außerhalb Prag
kein einziges Halsgericht selbständig mit der Schöpfung von Straf=
urtheilen vorging, sondern allenthalben vorerst die obergerichtliche Be=
lehrung eingeholt wurde, obzwar dies nach Artikel XIV der Josephina
nur in wichtigen und zweifelhaften Fällen (casibus arduis et dubiis)
gestattet war.[a])

Auch herrschte bei fast allen Magistraten — den Pilsner,
Mieser, Budweiser, Kuttenberger und noch einige wenige
ausgenommen — eine solche Ignoranz, daß dieselben „weder ein corpus
delicti zu erheben, noch einen Inquisiten zu examiniren, ja sogar die
von der Appellationskammer ertheilten Belehrungen nicht zu vollziehen
verstanden," wiewohl sie die letztere selbst in casibus claris mit An=
fragen behelligten. Was aber die Vorlage der Gnadengesuche anbelangte,
welche mit Ueberschreitung der gesetzlichen Fristen häufig ein halbes Jahr
und noch länger hinausgeschoben ward, so erblickte das Appellations=
gericht die Ursache dieser Verspätungen hauptsächlich darin, daß man
den Verurtheilten eine zu lange Bedenkzeit ob sie den Berufungs= oder
Gnadenweg betreten wollen, einzuräumen pflegte und überdies bei Be=
stellung der zur unentgeltlichen Verfassung der Gnadenrecurse berufenen
Rechtsfreunde, die sich dieser Verpflichtung mit allerhand Ausflüchten
zu entziehen suchten, Schwierigkeiten obwalteten. Denn da auf dem
Lande in den wenigsten Orten Männer zu finden waren, die überhaupt
ein gehörig motivirtes Gesuch dieser Art aufzusetzen vermochten, so
mußten die zur Inquisition competenten Gerichte, welche sehr häufig
nicht einmal im Besitze eines Exemplars der Josephina waren, erst in

---

schlusse, während welcher Zeit Wällisch in Haft u. z. so schlecht untergebracht war,
daß er daselbst — wie in den Acten erwähnt und für ihn als Milderungsgrund
geltend gemacht wird — „zum Krüppel wurde." Da über den Beschuldigten die
Todesstrafe verhängt, von ihm aber ein Gnadengesuch überreicht und dieses gemäß
Art. XXI der Josephina höchsten Orts unterbreitet worden war, gelangte Carl VI.
im geheimen Rathe zur Kenntniß dieser Verzögerung und verordnete sohin s. d.
Laxenburg d. 4. Mai 1723 motu proprio, daß die Hofkanzlei „nach Vernehmung
der königlichen Appellation einen Vorschlag thun solle, auf was Weise die Criminal=
Urthel schleunig befördert und nicht alle Criminalia per recursus ad gratiam ge=
hemmt werden möchten." (Oberstger. Archiv, fasc. 56).

[a]) Vergl. auch die Einleitung zur Josephina, S. 3, woselbst die Stellung des
königlichen Obergerichtes (Appell.=Tribunals ob dem Prager Schlosse) den Hals=
gerichten gegenüber normirt erscheint.

entfernteren Städten, zumeist wohl in Prag, einen geeigneten Advocaten oder Procurator für den Gnadenwerber ausmitteln und es entsprach auch dieser nach Zusendung der Acten in den seltensten Fällen seiner Aufgabe rasch und vollkommen.

Daß sich unter solchen Verhältnissen die Strafrechtspflege in Böhmen nicht den factischen Bedürfnissen entsprechend gestalten konnte, war zweifellos und sowohl bei der Hofkanzlei, als im geheimen Rathe des Kaisers⁹) wurde wiederholt in Erwägung gezogen, was zur Beseitigung der vorerwähnten Mängel zu veranlassen sei.

Während aber die Hofkanzlei in erster Linie eine möglichst weitgehende Reducirung der Halsgerichte als wünschenswerth bezeichnete und hiebei auf Mähren, wo dieselbe damals bereits angebahnt wurde, hiewies, ¹⁰) hielt man dagegen a. h. Orts einen solchen Eingriff in die bestehenden Privilegien für schwer ausführbar und hätte lieber ähnlich wie in den innerösterreichischen Landen besondere, mit dem Gesetze vollkommen vertraute Criminalrichter aufgestellt, welche jedem Rufe der mangelhaft besetzten Halsgerichte folgen, für eine möglichst rasche Erledigung der dort anhängig gewordenen Straffälle Sorge tragen, sodann das Urtheil schöpfen und eventuell auch die schriftliche Vertheidigung des Inquisiten bei dem höheren Richter übernehmen sollten. ¹¹)

---

⁹) Alle Criminalfälle, welche per recursum pro gratia an die böhm. Hofkanzlei gelangten, wurden, nachdem daselbst ein ausführliches schriftliches Referat verfaßt worden war, im so gen. geheimen Rathe des Kaisers vorgetragen. — Anläßlich der obigen Berathungen über die Regelung des Rechtes zum Gnadenrecurse, bei denen der damalige Assessor der Hofkanzlei, Rudolf Graf Korzensky als Referent fungirte, wurde von diesem auch angeregt, es möchte der Hofkanzlei das Recht eingeräumt werden, jene Gnadengesuche, die sie auf Grund einhelligen Beschlußes einer a. h. Berücksichtigung nicht für würdig erachtet, sofort abzuweisen und nicht vorerst noch zur Einholung der kaiserlichen Entschließung an den geheimen Rath zu leiten. In den unterm 26. Octbr. 1723 und 9. Januar 1725 erstatteten a. u. Vorträgen der Hofkanzlei, erscheint jedoch dieser Antrag nicht aufgenommen, bildete somit keinen Gegenstand einer a. h. Entscheidung. (Archiv des oberst. Gerichtshofes.) Des geheimen Rathes geschieht in Bidermann's Gesch. der österr. Gesammtstaatsidee (Innsbruck 1867) I, S. 42 und 114 Erwähnung. Ueber den oben erwähnten Grafen Korzensky vergl. meine „Gesch. der obersten Justizstelle" (Prag, 1879), S. 68.

¹⁰) Der mährische Landeshauptmann war mit kais. Rescript vom 2. Juni 1722 angewiesen worden, im Einvernehmen mit den Ständen über die von den letzteren selbst in Vorschlag gebrachte bessere Einrichtung der dortigen Halsgerichte und Restringirung derselben ad certum numerum gutächtlichen Bericht zu erstatten. (Archiv des oberst. Gerichtsk.).

¹¹) Diese Criminalrichter sollten in ähnlicher Weise wie die steiermärkischen

Thatsächlich kam es indeß zur Verwirklichung dieser Vorschläge nicht. Vielmehr erging zunächst unterm 8. März 1725 an die böhmische Appellationskammer ein kaiserliches Rescript,[12]) worin mit besonderer Rücksicht auf die von der letzteren gestellten Anträge, lediglich betreffs Vorlage der Gnadengesuche Bestimmungen getroffen und für eine ganze Reihe von Delicten die Entscheidung darüber, ob in Hinkunft ein solches Gesuch an die höchste Stelle zu leiten sei, dem Appellationsgerichte, und zwar vorläufig auf drei Jahre überlassen wurde.

Die königliche Statthalterei, welcher das bei der Hofkanzlei schriftlich formulirte, die Introducirung besonderer Criminalrichter betreffende Project gleichfalls zur Wohlmeinungseröffnung mitgetheilt und überdies bedeutet worden war, sie solle im Wege der Kreisämter und Obrigkeiten, sowie durch den in städtischen Angelegenheiten einflußreichen Landesunterkämmerer[13]) auf die ordnungsmäßige Besetzung der Syndicate hinwirken, verhielt sich ebenso wie die Hofkanzlei und Appellationskammer jener in Aussicht genommenen Neuerung gegenüber ablehnend und motivirte dies insbesondere damit, daß es abgesehen von den hiedurch erwachsenden Unkosten, in Böhmen an Persönlichkeiten mangle, die man mit Beruhigung auf einen so verantwortlichen Posten berufen könnte,

---

Bannrichter thätig sein, auf welche wir später noch eingehender zu sprechen kommen. — Die Hofkanzlei glaubte dieses Project nicht befürworten zu sollen, weil „hierbey hauptsächlich zu consideriren kommen will, wienach insonderheit das Königreich Böheimb in zwölf Kreise eingetheilt und deren einige so groß seien, daß selbe die Anstellung zweier auch dreier Bannrichter, wann anderst die Criminalia nicht noch mehrers ins stecken gerathen sollten erfordern, so viel aber in inquirendo wohl versirte und gewissenhafte, auch beider Landessprachen kündige Iudices inquirentes dermal aufzufinden schwer sein und wenn auch derlei Subjecta aufzubringen oder nach und nach anzuzigeln wären, es dennoch jetzt und alsdann an denen fundis, woraus solche condigne salarirt werden könnten, ermangeln dürfte, allermassen die Magistrate für sothane Bannrichter die Salaria zu constituiren de notorio ganz unvermögend sind, hingegen die Septimae und Decimae litium, wann auch solche pro fundo angesehen werden wollten, ein weniges austragen und bisher weder für die Landes-Beschädiger, noch Galeristen, als wohin diese Septimae und Decimae litium eigentlich gewidmet seind, erklecken thun." Trotzdem aber findet sich ein ausführlicher schriftlicher Antrag über die a. h. Orts gewünschte Introducirung der Bannrichter in Böhmen, bei den Acten, welchen wir im Anhange (Nr. II) mittheilen.

12) Dasselbe folgt im Anhange unter Nr. I.

13) Ueber das Landesunterkammeramt und dessen Bedeutung für das Städtewesen in Böhmen, vergl. die von Dr. Jaromir Čelakovský (Prag, 1881) publicirte Schrift: „Úřad podkomořský v Čechách."

da selbst die Advocaten in Strafsachen der erforderlichen Geschäftskenntniß entbehren. ¹⁴) Auch ward geltend gemacht, daß der jenen Criminalrichtern einzuräumende Wirkungskreis mit den Landesgesetzen nicht im Einklange stehe, da diese zur definitiven Fällung eines Straferkenntnisses, die Zuziehung von neun Votanten als nothwendig bezeichneten. ¹⁵)

Bei dieser, von competenter Seite geschilderten Sachlage erscheint es erklärlich, daß an höchster Stelle allmählich der Plan, organisatorisch einzuschreiten, ganz aufgegeben wurde. Man beschränkte sich darauf, die Competenz der Appellationskammer in Gnadensachen thunlichst zu erweitern, ¹⁶) die der letzteren diesfalls gewährten Befugnisse von drei

---

¹⁴) Als Erklärungsgrund dafür, daß die Parteienvertreter eine so mangelhafte Vertrautheit mit den die Durchführung von Strafangelegenheiten betreffenden Normen an den Tag legten, wurde vornehmlich auch die an der Prager Hochschule vernachläßigte Pflege des Criminalrechtsstudiums angesehen und deshalb 1729 von Carl VI. der böhmischen Statthalterei verordnet, sie solle den Professoren der Rechte bedeuten, daß dieselben in Hinkunft beim Vortrage des vierten Buches (lit. 18) der Institutionen „de publicis judiciis" zugleich die „materiam criminalem cum reflexione auf die in der peinlichen Halsgerichtsordnung enthaltene praxim aus einigen bewährten autoribus weitschichtiger zu tradiren haben." Zugleich sah man der Berichterstattung darüber, ob nicht ein besonderes studium criminale an der Universität zu introduciren sei, entgegen. (Archiv des oberst. Gerichtshofes.) Ueber die zu jener Zeit an der juridischen Facultät in Prag herrschenden Zustände vergl. W. W. Tomek. a. a. O. S. 294 ff.

¹⁵) Dern. Landes-Ordnung D. XLVII; Joseph. Halsger.-Ordnung Art II, § 3. Auch hervorgehoben in dem kaiserl. Rescript v. 26. Februar 1687 (Codex Ferd. Leop. Joseph. S. 503).

¹⁶) Die peinl. Halsgerichtsordnnng Joseph I. belegte auch den so gen. Urfedebruch, die Blutschande, Nothzucht und den Ehebruch, sowie unter gewissen erschwerenden Umständen den Diebstahl mit der Todesstrafe (vergl. Art XIX, §§ 4, 21, 22, 24 und 28). Die böhm. Appellationskammer, welche gerade wegen dieser strafbaren Handlungen sehr häufig genöthigt war Gnadenanträge zu stellen, erachtete, daß die Josephina diesbezüglich zu strenge und namentlich der Diebstahl nicht schon dann, wenn der Werth des Entwendeten mehr als 15 Gulden Rhein. ausmacht, als todeswürdiges Verbrechen zu erklären sei, zumal dieser offenbar der Carolina entlehnte rigor legis kaum mehr zeitgemäß erscheine. Sie regte deshalb 1726 bei der Hofkanzlei eine förmliche Aenderung dieser gesetzlichen Bestimmungen an und bat eventuell um die Erlaubniß, in den erwähnten Fällen auch auf mildere Strafen erkennen zu dürfen. Höchsten Orts war man zwar ganz von den Grundsätzen der alten Abschreckungstheorie befangen und hielt es auch für bedenklich „ein erst unlängst unter Wailand Josepho Primo tam solenniter, adhibitis omnibus praecautelis verfaßtes Gesetz" abzuändern, gewährte jedoch in Würdigung der eben erwähnten Gründe mit

zu drei Jahren zu prorogiren [17]) sowie den unteren Instanzen die beschleunigte Erledigung der Criminalproceſſe immer wieder einzuſchärfen; im Uebrigen aber blieb, während die mähriſchen Halsgerichte bereits 1752 bedeutend reducirt und deren Perſonalverhältniſſe zum großen Theile geregelt worden waren,[18]) in Böhmen Alles beim Alten.

Gelegentlich der Erledigung des von der oberſten Juſtizſtelle 1754 erſtatteten Jahresberichtes über den Stand der Juſtizgeſchäfte, verordnete zwar Maria Thereſia aus eigenem Antriebe und offenbar auf die jüngſt im Intereſſe der Strafjuſtiz Mährens getroffenen Verfügungen hindeutend, es ſolle von dem Prager Appellationsgerichte ein Antrag betreffs Auflaſſung der kleineren Halsgerichte und Schaffung eines Criminalfondes zur angemeſſenen Beſoldung des Gerichtsperſonales in Böhmen abverlangt werden,[19]) ja es erging in letzterer Beziehung

---

Reſcript vom 16. April 1728 in delictis carnis, furti et fractae urphedae der Appellationskammer, u. z. zunächſt auch nur auf drei Jahre, das Recht, über jeden Delinquenten zweimal im Gnadenwege eine andere, als die geſetzlich beſtimmte Todesſtrafe zu verhängen. Erſt bei einem nochmaligen Rückfalle des Begnadigten, hatten die Gerichte unnachſichtlich nach der vollen Strenge des Geſetzes ihres Amtes zu walten. Das vorcitirte Reſcript, welches im Archive des oberſten Gerichtshofes erliegt, folgt im Anhange unter Nr. IV.

[17]) Die Appellationskammer war gehalten, um die Verlängerung der ihr in Gnadenſachen eingeräumten Befugniſſe von drei zu drei Jahren a. h. Orts einzuſchreiten. Nach dem Erſcheinen der Thereſiana ſuchte ſie wiederholt an, ihr das bis dahin in delictis carnis, furti et fractae urphedae ſtets prorogirte jus aggrationdi zu belaſſen, wurde jedoch über Antrag der Hofkanzlei, mit Decret vom 25. Mai 1770 ab und auf Art. 42 der Thereſiana verwieſen, da die Gründe einer ferneren Beſchränkung des der landesherrlichen Hoheit allein zuſtehenden Begnadigungsrechtes nunmehr entfallen ſeien.

[18]) In Mähren, wo es über 200 gleichfalls zumeiſt mangelhaft beſetzte Halsgerichte gab, wurden dieſe über Antrag des dortigen Tribunals bereits 1729 (Reſol. v. 10. Juni) bedeutend reducirt. Mit dem Hofreſcripte vom 18. November 1752 ward das jus gladii nur den königlichen, ſowie außerdem noch 26 Municipalſtädten belaſſen und zur Bedeckung der bei den neu regulirten Gerichten erwachſenden Strafkoſten, ähnlich wie ſpäter in Böhmen, ein beſonderer fundus criminalis ins Leben gerufen. Im J. 1754 kam es auf Grund gemeinſchaftlicher Berathungen des Directoriums und der oberſten Juſtizſtelle zu einer neuerlichen Beſchränkung jener den Municipalſtädten zuerkannten Jurisdiction. (Arch. des oberſt. Gerichtshofes, faſc. 57—I). Vergl. auch D'Elvert's Beiträge zur Geſch. der königl. Städte Mährens. (Brünn, 1860. Bd. XIII der Schriften der hiſtor.-ſtat. Section der k. k. mähr.-ſchleſ. Geſellſchaft zur Beförderung des Ackerbaues, der Natur- und Landeskunde, S. 115 ff.)

[19]) Die oberſte Juſtizſtelle hatte ſeit ihrem Beſtande alljährlich über den Ge

gleichzeitig auch an die königl. böhmische Repräsentation und Kammer die entsprechende Aufforderung das Obergericht hiebei zu unterstützen, allein die behufs Befolgung jenes Auftrages zunächst im Wege der Kreisämter eingeleiteten Vorerhebungen schritten trotz wiederholter Betreibung sehr langsam vorwärts [20]) und erst mehrere Jahre später bot ein einzelner Straffall Veranlassung, das ins Stocken gerathene Reformwerk endlich energisch in Angriff zu nehmen.

Eine böhmische Bäuerin, Namens Anna Melichar, war nämlich 1761 wegen Meineides bei dem competenten Halsgerichte zu Liban (Königgrätzer Kr.) in Untersuchung gezogen und auf Grund ihres Geständnisses gemäß Art XIX § 4 der Josephina zum Tode durch den Schwertschlag verurtheilt worden. Da die Beschuldigte den Weg der Gnade betrat, wurden die Acten vom Prager Appellationsgerichte befürwortend der obersten Justizstelle vorgelegt, welche mit dem a. u. Vortrage vom 10. Mai 1762, im Hinblick auf mehrfache Milderungsumstände die Nachsicht der verhängten Todesstrafe sowie die Anhaltung der Anna Melichar zu bloß sechsmonatlicher Spinnhausarbeit a. h. Orts beantragte, überdies jedoch der Meinung war, daß dem Libaner Stadtmagistrate die aus diesem Anlasse zum Vorscheine gekommenen, wider „alle Ordnung und Vernunft in inquirendo begangenen Fehler

---

schäftsstand in Justizsachen (status justitiae) zu berichten und hieran etwaige, die Verbesserung des Justizwesens überhaupt betreffende Anträge zu knüpfen. (Vergl. meine „Geschichte der obersten Justizstelle", S. 54 ff.) Ueber den 1754 erstatteten Jahresbericht, erfloß zu dem die Criminaljustiz betreffenden Passus die nachstehende eigenhändige Resolution der Kaiserin: „Höchst nöthig an die Appellation zu Prag anzubegehren eine norma, was und wie die Criminalia besser und geschwinder könnten aufgearbeithet werden, mit Einziehung etwelcher kleiner Halsgerichte in die Städte und allda einige besser besoldete Subjecta anzustellen; (es ist) dessentwegen ein ordentlicher plan zu verfassen und herzuschicken." Das dieser a. h. Weisung entsprechende Rescript erging unterm 19. Dezember 1754. (Archiv des oberst. Gerichtshofes.)

[20]) Am. 27. Februar 1755 erstattete die böhm. Appellationskammer, mit Bezug auf das vorerwähnte Rescript die Anzeige, daß zunächst die Kreisämter aufgefordert werden, mittelst einer im Entwurfe vorgelegten Tabelle jene Daten, welche betreffs Beschaffenheit der Halsgerichte genau erhoben werden müssen, bekannt zu geben. Zwei Jahre später, wurde mit Decret der obersten Justizstelle vom 28. März 1757 die endliche Vorlage des abgeforderten Gutachtens in Erinnerung gebracht, diese Betreibung von der Appellationskammer aber am 18. April 1757 dahin beantwortet, daß die kreisamtlichen Berichte noch immer ausständig seien, was man an höchster Stelle lediglich zur Kenntniß nahm. Weiter wurde sohin nichts mehr verfügt und die Sache blieb auf sich beruhen.

nachdrucksam verhoben, sowie quoad futurum entsprechende Weisungen ertheilt werden sollen."²¹)

Im Staatsrathe, wohin dieser Hofbericht zur Begutachtung geleitet wurde, schloß man sich einhellig den Anträgen der obersten Justizstelle an,²²) zugleich aber ward über Anregung des Grafen Blümegen, der vordem in Mähren auf die neue Gestaltung der dortigen Criminal-gerichte erfolgreich hingewirkt hatte,²³) die Ansicht vertreten, daß nunmehr in ähnlicher Weise auch das Gerichtswesen Böhmens umzugestalten sei, worauf die nachstehende Entschließung der Kaiserin herablangte:

„Da bei den böhmischen Halsgerichten schon mehrere Gebrechen wahrgenommen worden sind und nicht wohl zu hoffen ist, daß **dergleichen Bürger auf dem Lande, denen das Criminale in Böhmen anvertraut erscheint, jemals nach Erforderniß unter-**

---

²¹) Da der bezügliche Proceßact sowohl, als der hierüber erstattete a. u. Vortrag der Justizhofstelle im oberstger. Archive nicht vorfindlich ist, mußte ich mich darauf beschränken das Obige aus den noch vorhandenen Sitzungsprotokollen des böhmischen Senates der obersten Justizstelle (Jahrg. 1762, S. 508 ff.) zu entlehnen. Das Libaner Halsgericht scheint in dem erwähnten Straffalle eine Einwirkung des bösen Geistes auf die Delinquentin vermuthet und bei der Untersuchung die Zeugen nicht über factische Umstände sondern über die Frage, ob überhaupt eine Hexerei anzunehmen sei, vernommen, sowie in dieser Richtung, circa qualificationem facti ad magiam beeidet zu haben.

²²) Es gaben ihr schriftliches Votum die Staatsräthe von Stupan, Graf Blümegen, Graf Haugwitz, der Staatskanzler Graf Kaunitz und der Kronprinz Erzherzog Joseph ab, wobei betreffs der durchzuführenden Reformen der Antrag Blümegen's ausschlaggebend blieb.

²³) Heinrich Cajetan Graf von Blümegen (geb. 1715) entstammte einem alten, in Mähren begüterten Adelsgeschlechte. Er betrat früh die Beamtenlaufbahn, bekleidete anfangs eine Assessorstelle beim Brünner Tribunale, wirkte später als Präsident bei der dortigen Repräsentation und Kammer, war seit 1753 Landeshauptmann von Mähren und wurde 1759 in Würdigung seiner vielfachen Dienste in den Grafenstand erhoben. Im J. 1760 berief ihn Maria Theresia als Staatsminister für die inländischen Geschäfte nach Wien und gleichzeitig auch in den neucreirten Staatsrath, woselbst er eine hervorragende Rolle spielte. Anläßlich der Ernennung des Grafen von Hatzfeld zum dirigirenden Staatsminister, ward Blümegen oberster Kanzler und blieb in dieser einflußreichen Stellung bis 1782, wo er a. h. Orts in Ungnade fiel und von Kaiser Joseph II. ohne jedes Zeichen der Anerkennung des Dienstes entlassen wurde. Er starb am 30. Juli 1788 auf seiner Herrschaft Lettowitz im 74. Lebensjahre. (Vergl. D'Elvert: „Zur mähr.-schles. Adelsgeschichte" in den Mittheilnngen der mähr.-schles. Gesellschaft zur Beförderung des Ackerbaues ꝛc. Jahrg. 1866, Beilage Nr. 3. Hock-Bidermann: „Der österr. Staatsrath" (Wien, 1868), S. 133 ff.).

richtet werden können, so hat die oberste Justizstelle in Ueberlegung zu nehmen und Mir sofort das standhafte Gutachten zu eröffnen, ob es nicht nach dem Beispiele von Mähren thunlich wäre, daß auch in Böhmen in jedem Kreise ein oder zwei Halsgerichte und zwar in den vornehmeren Städten, wo das Gremium magistratuale mit Literatis besetzt ist, bestellt und beibehalten, alle übrigen aber reducirt, sowie ob nicht auf die nämliche Art wie in Mähren die fundi pro jurisdictione vicaria ausgemessen werden könnten." [24])

Diese a. h. Resolution wurde der böhmischen Appellationskammer seitens der obersten Justizstelle am 14. Juni 1762 zur möglichst baldigen Befolgung des darin enthaltenen Auftrages intimirt. Der hierüber erstattete, sehr umfangreiche und wegen seiner besonderen Wichtigkeit vom Präsidenten Grafen Wieschnik a. h. Orts persönlich überreichte Bericht der Appellationskammer (ddto. Prag, 30. October 1762), war mit 16 nach den einzelnen Kreisen Böhmens angelegten, [25]) die Beschaffenheit der dortigen Halsgerichte übersichtlich schildernden Tabellen belegt und wurde von der Kaiserin unverweilt einer unter dem Vorsitze des damaligen Vicepräsidenten der obersten Justizstelle, Grafen Althann, eigens berufenen Hofcommission [26]) zur Begutachtung übergeben.

Obgleich seit den Eingangs erwähnten amtlichen Mittheilungen über die Strafrechtspflege in Böhmen vier Decennien verflossen waren, hatten sich in dieser Hinsicht die Zustände daselbst nicht merklich gebessert und es gewährt eine aufmerksame Durchsicht der erwähnten, dem Operate der Appellationskammer angeschlossenen Tabellen, keineswegs

---

[24]) Die oben citirte a. h. Resolution erliegt unter Z. 1398 (v. J. 1762) im geheimen Cabinets-Archive und ist überdies im Sitzungsprotokolle der obersten Justizstelle vom 19. Juni 1762 eingetragen.

[25]) Mit kaiserl. Rescript vom 3. August 1714 ward Böhmen über ein mit Zustimmung der Stände von der königl. Statthalterei vorgelegtes Project in 12 Kreise eingetheilt. (Vergl. Weingarten's Codex Ferd. Leop. Jos. Carol., S. 716, N. 729). Seit 1751 zerfiel das Land in 16 Kreise, nämlich den königgrätzer (gleichen Antheils), königgrätzer (bidschower Antheils), chrudimer, časlauer, kauřimer, rakoniker, berauner, saazer (gleichen Antheils), saazer (elbogner Antheils), leitmeritzer, bechiner (taborer Antheils), bechiner (budweiser Antheils), prachiner, pilsner (gleichen Antheils), pilsner (klattauer Antheils) und bunzlauer.

[26]) Dieselbe bestand aus den Hofräthen Mühlensdorf, Zencker und Holger. Auch wurde der eben in Wien weilende prager Appellationspräsident Graf Wieschnik, den Berathungen beigezogen.

ein erfreuliches Bild. ²⁷) Bloß in wenigen größeren Städten des Landes verwaltete ein wohlorganisirter Magistrat mit dem erforderlichen Hilfspersonale die Criminalgerichtsbarkeit ²⁸) und ward den hiebei Betheiligten für ihre Mühewaltung ein wenngleich oft sehr bescheidenes Jahreseinkommen zugesichert. ²⁹) Die meisten Landgerichte dagegen waren nicht

²⁷) Unter Hinweis auf die vorgelegten Cabellen bemerkt die Appellationskammer in ihrem Berichte vom 30. October 1762: „Es ist sicher und gewiß, daß hierlands die meisten Halsgerichte die Criminalia eines Theils aus Abgang des hiezu tüchtigen Personalis, anderen Theils aber in Ermanglung der nöthigen Mittel nach Erforderniß zu verwalten außer Stande, somit dem Publico mehr zum Nachtheil als zum Nutzen sind."

²⁸) Dies war außer in Prag und Eger, namentlich in den mit bedeutenden Freiheiten ausgestatteten königl. Städten der Fall. Ueber deren Eintheilung vergl. Schmidt v. Bergenhold a. a. O. S. 131 ff.

²⁹) Das Jahreseinkommen des Gerichtspersonales war nicht gleichförmig geregelt und überstieg a) in den größeren Städten des Landes, was die Rathsmänner, Stadtrichter und Gerichtsschreiber betrifft, selten einhundert Gulden; auch die Syndici waren hier manchmal, wie z. B. in Aussig, Caslau, Klattau, Kuttenberg, Leitmeritz, Luditz, Mies, Neuhaus, Nimburg, Pilgram, Pilsen, Pisek, Rakonitz, Rokitzan, Tabor, Taus und Welwarn höchstens auf die Schreibgebühr beschränkt und mußten deshalb bemüht sein, wenn ihnen nicht seitens der Magistrate selbst eine Nebenbeschäftigung übertragen wurde, anderweitig ihren Lebensunterhalt zu finden, was die Erfüllung ihrer Amtspflichten nicht wenig beeinträchtigte. Die Besoldungen der Gerichtspersonen jener 36 Städte, welche nach dem Antrage der Appellationskammer künftig zur Ausübung der Criminalgerichtsbarkeit allein berechtigt sein sollten, haben wir aus den in den Acten vorfindlichen Daten zusammengestellt und verweisen auf die im Anhange unter Nr. XIII abgedruckte Cabelle. b) In den kleineren Orten waren die Bezüge nach den pecuniären Mitteln, die hier zur Verfügung standen, sehr verschieden. Häufig hatte der Stadtrichter gar keinen Gehalt, sondern außer den gemäß der Josephina (Art. XXIII) von Fall zu Fall eingehenden Criminaltaxen, höchstens ein so gen. Deputat (z. B. in Chlumetz etwas Getreide, in Libochowitz, Polna u. a. O. einige Faß Bier) oder es wurde ihm die Benützung von Gemeindegrundstücken an Stelle der Besoldung eingeräumt. Der Jahresbezug der Stadtschreiber betrug gewöhnlich nicht mehr als 10 Gulden, wozu wohl noch Nebeneinkünfte kamen. Ebenso karg waren die Frohndiener bedacht, welche zumeist, da die ihnen gesetzlich zustehenden Gebühren geringe waren, einen Nebenerwerb als Nachtwächter, Abdecker u. dgl. anstreben mußten. — Mit Recht klagt daher die böhm. Appellationskammer noch 1762: „Der Verfall der Halsgerichte entsteht hauptsächlich auch aus den geringen, zum Lebensunterhalte bei weitem nicht hinreichenden Besoldungen und sonstigen Einkünften der Gerichtspersonen, maßen aus dieser alleinigen Ursache bei den meisten Gerichtsörtern die Magistraten und das sonstige Gerichtspersonale in Abgang rechtserfahrener Leute mit illiterirten Handwerkern besetzt und derlei Personen sogar, wenn dieselben aus eigenem Gewissenstrieb in Rücksicht auf ihre

nur sehr mangelhaft besetzt, sondern entbehrten in der Regel der wohlweislich schon in der Josephina vorgesehenen Unterstützung durch einen in Strafsachen versirten, geprüften Syndicus ³⁰) und besaßen überdies selten auch nur den damaligen Bedürfnissen genügende Gefangenhäuser. Viele Frohnfesten waren, wenn solche am Sitze des Halsgerichtes nicht ganz fehlten, ³¹) bloß aus Holz erbaut, hatten zum großen Theile neben der Marter- oder Schergenstube, woselbst bei Stellung der peinlichen Frage die Tortur vorgenommen wurde, ³²) nur einen einzigen, oft nicht einmal heizbaren, ja nicht selten feuchten Raum zur Unterbringung der Verhafteten ³³) und würden in ihrer Verkommenheit zweifellos zu den Klagen eines John Howard berechtigt haben. Auch mangelten zufolge der amtlichen Bestätigung fast überall die Mittel zu einer zweckmäßigen Erweiterung oder Renovirung der vorhandenen Arrestlocalitäten, welche nach dem Vorangedeuteten und bei Abgang einer rationellen Gefängniß-

Unvermögenheit den schweren Amtspflichten nachleben zu können, sich des Dienstes entschlagen, zu dessen Annehmung entgegen ihrem Willen gezwungen werden müssen."
³⁰) Der Art. II, § 5 der Josephina bestimmte: „Ein jedes Gericht soll auch einen wohlerfahrenen ehrbahren und geschworenen Actuarium, Syndicum oder Notarium haben, welcher da denen Beysitzern vor Instruirung des Processes am meisten und bevor Schöpfung des Urtheils die dabey waltenden Beschwer- oder Straff-hindernden Umbstände und darüber außgesetzte Straffen mit öfftermahliger Erinnerung, daß Menschen Bluth und Leben nicht zu leichtsinnig oder auß etwann unzeitiger Naigung zu richten, deutlichen vor- und außlegen und dafern bey ein oder andern auß denen Gerichts-Assessoribus einiger zweifel vorstele, denselben mit allem glimpf und nach besten Verstandt erleutern solle." — Mit Hofrescript vom 31. October 1752 wurde zur Erlangung der Stelle eines Syndicus nicht nur die Vollendung des juridischen Studiums, sondern auch der Nachweis gefordert, daß der Competent sich rücksichtlich seiner Kenntnisse und Erfahrung in Strafsachen, mit gutem Erfolge einer strengen Prüfung beim Appellationsgerichte unterzogen habe. (S. Schmidt v. Bergenhold a. a. O. S. 334.)
³¹) Wie dies in Bělohrad, Eisenstadtl, Neupaka, Kornhaus, Rudig, Oberpolitz, Neureichenau, Stankau, Zwickau u. v. a. O. der Fall war.
³²) S. Art. XVI, § 4 der Josephina.
³³) Ueber angeblich gut verwahrte, wenigstens mit zwei Abtheilungen versehene Frohnfesten verfügten im Ganzen bloß 103 Halsgerichte; zweckmäßiger eingerichtet waren hievon bloß jene in Brüx, Budweis, Chrudim, Eger, Elbogen, Kaaden, Komotau, Königgrätz, Kuttenberg, Landskron, Leitomischl, Neuhaus, Pilsen, Policka, Reichenberg, Saaz, Tabor und Tetschen. Vergl. übrigens das im Anhange unter Nr. XIV aufgenommene Verzeichniß.

pflege ebensowenig den Forderungen wahrer Gerechtigkeit wie jenen der Humanität entsprachen. ³⁴) Um nun die eben erwähnten zahlreichen Uebelstände endlich zu beseitigen, stellte die Hofcommission in Uebereinstimmung mit dem

---

³⁴) Trotzdem bereits in den Declaratorien und Novellen Ferdinand III. zur veru. Landesordnung (Ll, XII), dann in den böhm. Stadtrechten (A, XXXIV) sowie im § 16 der 1651 für die königlichen Städte Böhmens erlassenen Instruction, den prager Stadthauptleuten, den Kreishauptleuten und Landmagistraten verordnet worden war, von Zeit zu Zeit die Gefängnisse einer genauen Visitation zu unterziehen, ja nach Art. VII, § 3 der Josephina ein jedes Halsgericht schuldig war, bei Verlust seiner Jurisdiction „sowohl genugsame und wohl-verwahrte Gefängnus zu haben, als auch zu diesfälliger Obsicht tauglich- und getreue Leuthe zu bestellen," waren die so gen. Frohnfesten in den Ländern, welche unter der Herrschaft der Halsgerichtsordnung v. J. 1707 standen wohl allenthalben wie Wahlberg (Kl. Schriften III, S. 117) treffend bemerkt, wahre Schreckensanstalten menschlicher Verwahrlosung und es gab das Gefängnißwesen seit langer Zeit zu den begründetsten Klagen Anlaß, worauf deutlich schon der Erlaß der k. böhm. Statthalterei vom 3. Februar 1687 (Cod. Ferd. Leop. Joseph. Carol. Nr. 411) hindeutet. Ich stieß in den oberstgerichtlichen Archivsacten auf eine Verhandlung aus d. J. 1726, derzufolge das Gericht zu Oppeln im Wege der böhm. Appellationskammer wegen sträflicher Illegalitäten einer strengen Untersuchung namentlich auch in der Richtung unterzogen wurde, ob die Beschwerde, daß „die Delinquenten dort auf unverantwortliche Weise in Kerker und Fesseln übel gehalten werden," begründet sei. — Mit kaiserl. Rescript ddto. Larenburg 2. Juni 1729 wurden der k. Statthalterei in Prag die Eingangs citirten Normen in Erinnerung gebracht und verordnet, daß „wegen des von den eingebrachten Delinquenten bishero erlittenen großen squaloris carceris die erforderliche Vorsorge zu geschehen habe" und quartaliter in den Gefängnissen durch die hiezu bestimmten Organe zu untersuchen sei, „wie die insitzenden Delinquenten in der Atzung gehalten, ob die carceres gesäubert und zur Winterszeit geheitzet, dann ob nicht die Inquisiten mit excessiven Feßlungen gequälet werden, folgbar wegen übler Beschaffenheit der Kerker und durch hartes Verfahren an ihrer Gesundheit Schaden leiden." Uebrigens muß hier noch beigefügt werden, daß bereits in der ersten Hälfte des vorigen Jahrhunderts die böhm. Hofkanzlei auch die Frage einer zweckmäßigen Beschäftigung der Sträflinge zu erörtern begann und in Prag eine aus Mitgliedern der Stände, der Statthalterei, des Appellationsgerichtes und der Magistrate besonders zusammengesetzte Commission diesen Gegenstand zu berathen hatte. — Gewiß eigenthümlich war es endlich, daß bei den böhmischen Gerichten auch auf die namentlich in Frankreich und Italien übliche Galeerenstrafe erkannt und sohin der Strafvollzug der Republik Venedig überlassen wurde, wohin man die Delinquenten (über Triest) transportirte. Bereits 1731 zog man die Abänderung der Galeerenstrafe in operas metallicas bei der Hofkanzlei in Erwägung und über eine am 11. September 1762 gestellte Anfrage der obersten Justizstelle, ob jener Strafvollzug noch ferner zu gestatten sei, wurde im Staatsrathe auf das Ungehörige jenes Vorganges mit aller Entschiedenheit

Appellationsgerichte den Antrag, daß — von Prag und Eger abgesehen — sämmtliche Halsgerichte Böhmens auf 24 reducirt,[35]) daher im Ganzen nur 30 Gerichte für Straffachen in Wirksamkeit belassen, diese aber mit alleiniger Ausnahme des akademischen Senates, welcher stets über mehrere rechtsgelehrte Beisitzer verfügte, in Hinkunft mit je sieben, für ihren Beruf vollkommen tauglichen, obergerichtlich geprüften Männern besetzt werden sollen. Und zwar wurde vorgeschlagen, es seien an jedem Halsgerichte vier Examinatoren, dann ein Stadtrichter, Syndicus und Gerichtsschreiber, nebst dem zum Strafvollzuge erforderlichen Dienerpersonale mit festen Gehaltsbezügen zu ernennen[36]) und die Besetzungen dieser Stellen höheren Orts genau zu überwachen. Die Berechtigung der übrigen Gerichtsorte zum Blutbanne sollte unter Wahrung der bestehenden Privilegien insolange quiesciren, als man daselbst der neuen Organisirungsvorschrift nicht vollkommen zu entsprechen vermochte.

Die im Falle der Durchführung des vorstehenden Antrages für die Besoldung des Gerichtspersonales erwachsenden Gesammtkosten, wurden mit 45.822 Gulden berechnet und es mußte natürlich auch die Möglichkeit der Bedeckung dieser sich jährlich erneuernden Auslage um so mehr erwogen werden, als man gleichzeitig die Auflassung des den Stadt-

hingewiesen sowie strenge untersagt, in Hinkunft noch Delinquenten den Venetianern zum Galeerendienste zu übergeben, zumal man einsah, daß es sich empfehle die Arbeitskräfte der Sträflinge im Inlande zu verwerthen. (Geh. Cab.-Archiv.)

[35]) Ihren Sitz sollten die neuorganisirten Halsgerichte in den königl. Städten: Königgrätz, Trautenau, Neubidschow, Chrudim, Kuttenberg, Kaurim, Rakonitz, Beraun, Saaz, Brüx, Elbogen, Joachimsthal, Leitmeritz, Aussig, Tabor, Pilgram, Budweis, Pisek, Pilsen, Mies, Klattau, Jungbunzlau, Nimburg und in der Dominicalstadt Jičin haben. Da jedoch Joachimsthal nicht in der Lage war, die dortige Frohnfeste entsprechend zu erweitern, wurde in dem Nachtragsberichte der Appellationskammer vom 29. September 1764 statt dieser Bergstadt die Dominicalstadt Lubitz in Antrag gebracht und dies a. h. Orts acceptirt.

[36]) An Jahresbezügen wurden beantragt: für die vier Examinatoren zu Prag und Eger je 300, in den übrigen Städten je 200 Gulden; für die Stadtrichter zu Prag und Eger je 200, in den übrigen Städten je 150 Gulden; für jeden Syndicus 300 Gulden; für die Gerichtsschreiber zu Prag und Eger je 150, in den übrigen Orten je 120 Gulden. Außerdem sollte an jedem Halsgerichte ein Freimann mit 52, ein Frohndiener mit 30 und ein Scherge mit 50 Gulden jährlich angestellt werden. In einem späteren Berichte (v. 29. September 1764) wurden ohne Unterschied für die Examinatoren je 300 und für die Stadtrichter je 200 Gulden beantragt.

richtern und Gerichtsactuaren gesetzlich eingeräumten Bezuges von Criminaltaxen,³⁷) sowie eine den geänderten Verhältnissen entsprechende Erweiterung der Gefängnisse movirte. Auf Grund der Josephina (Art. XXII, § 2) und zufolge des Hofrescriptes vom 18. November 1752,³⁸) wurde bisher betreffs Bestreitung der durch die Handhabung der Criminalgerichtsbarkeit verursachten Kosten unterschieden, ob dieselben wegen eines so genannten öffentlichen, in statum publicum eingreifenden Verbrechens oder wegen eines Privatdelictes,³⁹) sowie ob sie dem inquirirenden Halsgerichte rücksichtlich der auf seinem Territorium verübten strafbaren Handlungen im eigenen Wirkungskreise (ex jurisdictione propria vel ordinaria) oder aber durch die Einlieferung von Delinquenten seitens anderer, nicht mit dem jus gladii belehnter Gerichtsorte, eventuell auch

---

³⁷) Joseph. Halsgerichtsordnung Art. XXIII, §§ 1 und 4.

³⁸) Dasselbe erliegt im Archive des k. k. Justizministeriums (Patenten-Sammlung fasc. lit. C, Z. 5098) und folgt im Anhange unter Nr. VIII.

³⁹) Maßgebend für die im vorigen Jahrhunderte höchst wichtige Unterscheidung der strafbaren Handlungen in crimina publica und privata, war zunächst das an das böhm. Appellationsgericht und gleichzeitig auch an die königl. Repräsentation und Kammer in Prag gerichtete Hofrescript vom 11. April 1737, welches in der Patenten-Sammlung des k. k. Justizministeriums (Z. 4139) und abschriftlich auch im Archive des obersten Gerichtshofes (fasc. Acta ex anno 1762) erliegt. Wir haben dasselbe im Anhange unter Nr. VI zum Abdrucke gebracht und verweisen auf dessen Inhalt. — Eine besondere Bedeutung erhielten ferner die crimina publica auch noch dadurch, daß 1752 rücksichtlich einzelner derselben, welche „ganz unmittelbar die gemeinsame Ruhe stören und das Verknüpfungsband des ganzen Status publici auflösen könnten" die königliche Repräsentation und Kammer als oberste politische Behörde des Landes ermächtigt wurde, eine summarische Voruntersuchung zu dem Ende einzuleiten, um von ihrem Standpunkte aus unverweilt das Entsprechende vorkehren zu können. Nach Beendigung dieser Untersuchung aber, war der Erhebungsact an das competente Criminalgericht zur Durchführung des ordentlichen Processes und Fällung des Urtheils zu leiten. Das in dieser Hinsicht an die böhm. Appellationskammer erlassene Hofrescript vom 19. Dezember 1752 (Archiv des Justizminist., Pat.-Sammlung Z. 5109) ist im Anhange unter Nr. IX abgedruckt und findet auch bei Schmidt v. Bergenhold (a. a. O. S. 274) Erwähnung, doch werden von Letzterem die Criminalgerichte irriger Weise nur als zur Spruchfällung competent bezeichnet. — Endlich wurde auch noch die Deserteurs-Verhehlung, sowie die Förderung der Desertion überhaupt unter die in statum publicum einschlagenden Verbrechen gerechnet, diesbezüglich aber mit Hofrescript vom 22. Februar 1751 nicht nur die Voruntersuchung, sondern theilweise auch die Judicatur den politischen Behörden zugewiesen. S. bei Nr. IX im Anhange, die Anmerkung 3.

über Veranlassung der königlichen Kreishauptleute (ex jurisdictione vicaria) erwuchsen. [40]) Nur dann, wenn ein Halsgericht ex jurisdictione ordinaria circa delicta privata seines Amtes waltete, mußten die Auslagen, wofern der Beschuldigte vermögenslos war, aus den Gemeinde- oder obrigkeitlichen Renten bestritten werden; in den übrigen Fällen dagegen konnten die Jurisdictionsberechtigten eine gänzliche oder theilweise Vergütung ihrer Kosten durch Inanspruchnahme der Strafsiebentel (septimae litium), [41]) sowie aus den in dem oben citirten Hofdecrete angeführten, sogenannten Adminicularfonden, oder durch die Einsammlung von Almosen erzielen. [42]) Wenn die Verfolgung des Verbrechens der Falschwerbung oder der Verleitung zur treulosen Verlassung des Kriegsdienstes und der Hilfeleistung bei der Desertion für ein Halsgericht Auslagen nach sich zog, wurden die erforderlichen Geldbeträge zunächst aus dem Cameralfonde vorgeschossen, sodann aber aus dem Vermögen des Delinquenten und den nach Beschaffenheit des Falles auferlegten Geldstrafen hereingebracht. [43])

Das Vorstehende galt übrigens nur, wenn sich die Delinquenten zur christlichen Religion bekannten. Woferne Jsraeliten, welche in

---

[40]) Ward ein Delinquent an einem Orte eingebracht, dem das jus gladii nicht zukam, so hatte die Obrigkeit auf eigene Kosten für dessen Einlieferung an das dem Orte der Ergreifung zunächst gelegene Halsgericht Sorge zu tragen. War die Frohnfeste dieses Halsgerichtes überfüllt, dann mußte seitens der Obrigkeit wegen Weiterbeförderung des Delinquenten die Intervention des Kreishauptmannes angesucht werden, dem auch rücksichtlich der in delictis publicis betretenen Verbrecher das Recht zustand, die geeignete Verfügung zu treffen. Sehr häufig wurde überdies seitens jener Halsgerichte, die eine Untersuchung nicht durchzuführen oder den Delinquenten in keine sichere Verwahrung zu nehmen vermochten, die Einlieferung des letzteren an einen anderen Gerichtsort veranlaßt.

[41]) Die septimae litium waren die in Civilprocessen nach dem siebenten Theile des Streitbetrages berechneten Sucumbenzstrafen, die von den Revisionswerbern erlegt werden mußten und im Falle der Sachfälligkeit dieser, dem fiscus zur Erhaltung des Justizwesens anheimfielen. Die Bonification aus diesem Fonde, wurde den Halsgerichten durch das Amt der k. Landtafel flüssig gemacht. — Bei Ersatzansprüchen in Straffachen, wurde die Alimentirung eines Delinquenten in der Regel täglich mit 4 Kreuzern berechnet.

[42]) Diese Almosen pflegten in den Städten die Gefangenen zeitweise selbst u. z. theils an den Stadtthoren, theils aber unter gehöriger Aufsicht von Haus zu Haus mittelst einer Sammelbüchse einzuheben.

[43]) Die Geldstrafen, welche zur Hintanhaltung der Vorschubleistung bei der Desertion insbesondere auch den Obrigkeiten angedroht wurden, waren ziemlich hoch (150—1000 Gulden) bemessen. (Pat. v. 22. Februar 1751. Codex Austr. V, S. 556.)

Criminalſachen ausnahmslos vor den chriſtlichen Gerichten Rede zu ſtehen hatten,[44]) in Unterſuchung geriethen, wurde unterſchieden ob dieſelben in Prag oder außerhalb der Hauptſtadt anſäſſig waren. Im erſteren Falle hatte die prager Judengemeinde, im letzteren aber die böhmiſche Landesjudenſchaft dem inquirirenden Halsgerichte den Strafkoſtenerſatz zu leiſten.[45]) Daß dieſe eben angedeuteten Einnahmsquellen mit Rückſicht auf die an die neuen Gerichte geſtellten Anforderungen unzureichend ſeien, war zweifellos, zumal den kreisamtlichen Ausweiſen die bisher zur Unterſtützung der Halsgerichte beſtimmten Adminicularfonde unbedeutend waren, ja oft gar nicht ihrer Beſtimmung zugeführt wurden.[46]) Die Appellationskammer beantragte daher, daß ebenſo wie in Mähren die als Criminalgerichte außer Wirkſamkeit tretenden Städte und Ortſchaften ihren Vermögensumſtänden entſprechende Jahresbeiträge zur Deckung der Strafjuſtizkoſten zu leiſten hätten, zugleich aber auch die Ausfuhr von Holz und Fiſchen, ſowie der Conſum von Salz in Böhmen, mit einer dem gleichen Zwecke gewidmeten beſonderen Abgabe zu belegen[47]) und

---

[44]) Vergl. Ferdinand III. Confirmations-Patent der Judenprivilegien vom 8. April 1648 (Codex Ferd. Leop. Jos. S. 253); Schmidt v. Bergenhold a. a. O. S. 233 und 350.

[45]) Hofreſcripte vom 12. April 1712, 20. September und 9. November 1752. War der in Unterſuchung gezogene Iſraelit ein Ausländer, dann hatte die prager und böhmiſche Landesjudenſchaft, ohne daß dies beſonders normirt war, die Unkoſten gemeinſchaftlich zu beſtreiten. Eine eigentliche Judengemeinde gab es bekanntlich nur in Prag; außerhalb der Hauptſtadt durfte ſich die Judenſchaft bloß in beſtimmten Orten aufhalten und zur gemeinſamen Religionsübung vereinigen. Vergl. Herrmann v. Herrmannsdorf, „Geſch. der Iſraeliten in Böhmen" (Wien und Prag, 1818) S. 59 ff. 84 ff. — Ähnlich wie in Böhmen, hatte auch in Mähren und Schleſien die dortige Judenſchaft für verhaftete Iſraeliten die Criminalverpflegs- und ſonſtigen Gerichtskoſten zu beſtreiten. Vergl. Scari's „Syſtem. Darſtellung der in Betreff der Juden in Mähren und Schleſien erlaſſenen Geſetze" (Brünn, 1835), S. 151 ff.

[46]) In den vorgelegten kreisamtlichen Tabellen handelte eine eigene Rubrik davon, wieviel ſeit 3 Jahren an Strafgeldern, Almoſen und ſonſtigen pro criminalibus gewidmeten Beträgen eingegangen ſei. Meiſtens erſcheint nichts oder doch nur ſehr wenig ausgewieſen, nicht ſelten aber wird bemerkt, daß die eingelangten Beträge von den Obrigkeiten in die herrſchaftlichen Renten einbezogen oder zu kirchlichen Zwecken, zum Straßenbaue u. dgl. verwendet wurden.

[47]) Von jedem außer Landes gehenden Holzprahm ſollten 36 kr., von jedem Centner Fiſche 15 kr. und von jedem zum Verkaufe kommenden Fäßchen Salz 3 kr. als Aufſchlag erhoben werden.

überdies im Einvernehmen mit dem päpstlichen Stuhle zu veranlassen sei, daß auf jene Auslagen, welche den Halsgerichten bei Durchführung der meist langwierigen, das crimen haereseos betreffenden Untersuchungen entstanden, aus der für den Clerus gestifteten cassa salis beigesteuert [48]) und hieburch endlich der bezüglichen Bestimmung des bereits citirten Hofrescriptes vom 18. November 1752, welche bisher unberücksichtigt geblieben war, entsprochen werde.

Das der Kaiserin mit den vorstehenden Anträgen unterbreitete Protokoll, wurde bei dem Umstande, als zunächst die finanzielle Seite der in Verhandlung genommenen Angelegenheit volle Beachtung verdiente, mit a. h. Entschließung vom 23. Februar 1763 an eine zweite Commission unter dem Präsidium des in Finanzgeschäften sehr erfahrenen obersten Hofkanzlers Rudolf Grafen Chotek zur Begutachtung gewiesen. [49]) Diese Commission trat am 18. Mai 1763 zur Berathung zusammen und beschloß, daß so wünschenswerth auch die baldige Organisirung der Halsgerichte erscheine, dennoch mit derselben füglich noch nicht vorgegangen werden könne, weil rücksichtlich der hiezu erforderlichen pecuniären Mittel, jeder ziffermäßige Nachweis über die Durchführbarkeit der seitens der böhmischen Appellationskammer gemachten Vorschläge mangle. Wenn man die Ortschaften, welche der Criminaljurisdiction verlustig werden sollten, zur Beitragsleistung heranzuziehen gedenke, dann sollte vorerst unter Zugrundelegung eines zehnjährigen Durchschnittes genau berechnet werden, wie hoch sich bisher jährlich deren Verwaltungskosten und die ihnen hierauf aus den erwähnten Adminicularfonden zugeflossenen Unterstützungsbeträge beliefen, um hieburch die Grundlage für eine gerechte Vertheilung zu gewinnen.

Die als eine neue Einnahmsquelle für Criminalzwecke in Aussicht genommenen Abgaben bezeichnete die Commission als drückend und doch unzulänglich, da der Aufschlag in der beantragten Höhe auf die ohnehin nur mit Hofconsens statthafte Holzausfuhr kaum 1500, jener auf den

---

[48]) Unter Kaiser Ferdinand II. war der böhm. Kirche und Geistlichkeit, zum Ersatze aller ihr während der Unruhen im Lande verursachten Schäden, vom 1. März 1630 an, der Bezug eines Betrages von 15 kr. für jede Großkufe erzeugten oder eingeführten Salzes zugestanden worden. Diese Abgabe bildete die sogen. Cassa salis, welche 1782 mit dem Religionsfonde vereinigt wurde. (Schmidt v. Bergenhold a. a. O. S. 342 und 401. Josephinische Ges.-Sammlung II., S. 89.)

[49]) Graf Chotek war früher Präsident der Hofkammer und stand bei der Kaiserin M. Theresia in großem Ansehen. Vergl. Dr. A. Wolff „Oesterreich unter M. Theresia" S. 162 ff.

Export von Fischen etwa 100 und die den Salzverschleiß betreffende Auflage höchstens 7000 Gulden jährlich abwerfen würde. Ueberhaupt war die Commission mit dem von ihr zu prüfenden Projecte keineswegs einverstanden, sondern der Meinung, daß außerhalb der Hauptstadt Prag, im Hinblick auf die Größe des Landes, nicht 24 sondern 36 Halsgerichte in Wirksamkeit zu belassen und an diesen nur je ein erfahrener Jurist mit entsprechender Besoldung als „Malefiz-Verhörer" anzustellen sei, welcher unter Zuziehung von Magistratspersonen den Inquisitionsproceß durchzuführen und die Acten sodann zur Urtheilsfällung jedesmal der Appellationskammer vorzulegen hätte. Als Vorbild für eine solche Einrichtung schwebten der Commission einerseits die steiermärkischen Bannrichter, andererseits aber die damals in Preußisch-Schlesien amtirenden Inquisitores publici vor und erscheint es wohl geboten, diesen Beiden hier, wenn auch nur in Kürze, einige Aufmerksamkeit zu schenken, da man seit dem Beginne der in Rede stehenden Berathungen immer wieder auf die als sehr zweckmäßig gerühmte Einführung derartiger Untersuchungsrichter zurück kam.

Das uralte Institut der Banngerichte [50] war den innerösterreichischen Landen eigenthümlich und insbesondere bereits seit Jahrhunderten in Steiermark eingeführt, wo es sich auch am längsten erhielt. [51] Die dortigen Land- oder Patrimonialgerichte zerfielen mit

---

[50] Das in der obigen Zusammensetzung vorkommende Wort Bann (Ban, Pan), bedeutet zunächst soviel als die dem Landesherrn oder dem von ihm bestellten Richter (panrichter) zustehende Gewalt und Gerichtsbarkeit, dann auch den Bezirk, auf welchen sich die richterliche Gewalt erstreckt. So heißt es speciell im steiermärkischen Landrechte Art 219: „Um richter, der des pans nicht hat, der mag nicht gerichten ober die lewt, das mans töt." — Bannen (bannire) ursprünglich = hegen des Gerichtes, später auch vorladen, vor Gericht fordern; Banntaiding (pantaiding) = Gerichtsversammlung, welche in dem Bezirk (panschaft) an einem bestimmten Tage stattfindet. Vergl. Jak. u. Wilh. Grimm's großes deutsches Wörterbuch I, S. 1113 ff. Jakob Grimm's „Deutsche Rechtsalterthümer" II., S. 732, 844. Ferd. Walter's „Deutsche Rechtsgeschichte" S. 50, 653, 721, 760. Dr. Ferd. Bischoff „Steiermärkisches Landrecht des Mittelalters" (Graz, 1875) S. 140 u. 163. Ferd. Bischoff und A. Schönbach „Steirische und Kärnthische Taidinge" (Wien, 1881) S. 60, Z. 7; 348, Z. 37 ff. u. 41; 542, Z. 16 u. v. a. O. Unter Bann- und Achtverleihung wurde auch noch später die Uebertragung der Criminalgerichtsbarkeit verstanden. (S. Hofdecret v. 24. Juli 1786, Nr. 566., Justiz-Ges.-S.)

[51] Joh. Christian Gräff, welcher in seinem „Versuch einer Geschichte der Criminalgesetzgebung etc. in der Steiermark" (Graz, 1817) auch die Banngerichte bespricht, glaubt, daß bei ihrer Errichtung die fränkischen missi dominici zum Vor-

Rücksicht auf die ihnen zustehende Criminaljurisdiction in privilegirte (freie) und nicht privilegirte. Die ersteren waren auf
jenen Dominien thätig, denen ebenso wie allen mit Bann und Acht
belehnten Städten und Märkten das Recht zustand, einen eigenen Richter
zu bestellen und durch ihn die peinliche Gerichtsbarkeit auszuüben. [52])
Die Privilegien, welche in dieser Hinsicht den von altersher in Steiermark ansässigen oder im Laufe der Zeit namentlich aus Baiern einge-
wanderten, begüterten Adelsfamilien [53]) gewährt wurden, reichten zum
Theile bis auf die Regierungszeit Albrecht I. (1283—1308) zurück,
blieben durch die 1574 unter Herzog Karl II. für Steiermark erlassene
Landgerichtsordnung unberührt [54]) und wurden erst in neuerer Zeit da-

bilde dienten. (S. 125 ff.) Im zweiten Theile der „Landt und Peinlich Gerichtsordnung" für Steiermark v. 1574, wird umständlich von den Bannrichtern ge-
handelt. — In Krain ward das Institut der Banngerichte unter Maria Theresia 1763 (Resol. v. 19. October) „pro bono publico sowohl als zur Herstellung
der guten Justiz-Ordnung nach dem Beyspiel des Herzogthums Steyr" reorganisirt
und am 16. Juni 1767 eine eigene Instruction erlassen, nach welcher sich der in
Laibach domicilirende, der innerösterreichischen Regierung unterordnete Bannrichter
zu benehmen hatte. — In Kärnten bestand gleichfalls von altersher ein landes-
fürstlicher Bannrichter zu Klagenfurt. Seine bessere Dotirung und die hiemit
zusammenhängende Hebung des ganzen Instituts, bildete seit 1751 den Gegenstand
reiflicher Erwägungen. Eine ausführliche Instruction für das dortige Banngericht,
welcher jene von Krain zu Grunde lag, erschien am 8. November 1774; in derselben wird nicht mehr auf die steiermärkische Landgerichtsordnung, die Carolina
und Ferdinandea, sondern auf die damals bereits geltende Theresianische Halsgerichtsordnung hingewiesen. — In den Grafschaften Görz und Gradisca,
wo ähnliche Verhältnisse wie in Kärnten und Krain obwalteten und die Handhabung
der Criminaljurisdiction seitens der Landgerichte viel zu wünschen übrig ließ, wurde
über Einrathen der obersten Justizstelle zufolge a. h. Resolution vom 6. Mai 1762
ein landesfürstliches Banngericht mit Feststellung der Bezüge des Personals eingeführt. Der Bannrichter hatte seinen Sitz in Görz. (Archiv des obersten Gerichtshofes. Die bezüglichen Acten bilden namentlich wegen der endlosen Verhandlungen,
welche die bei jeder Organisirung der Banngerichte neu aufgetauchte Besoldungs-
frage hervorrief, ganze Fascikel.)

[52]) Vergl. Gräff a. a. O. S. 87 ff., 102 ff.
[53]) Ueber die bairischen Ansiedlungen in Steiermark vergl. Dr. A. v. Muchar
„Geschichte des Herzogthums Steiermark" (Graz, 1845) Band II., S. 18 ff. Dr. Franz
Ritter von Krones „Handbuch der Geschichte Oesterreichs" (Berlin, 1876) Band I.,
S. 101. Dr. Karl Schober „Die Deutschen in Nieder- und Oberösterreich, Salzburg,
Steiermark u. s. w." (Wien, 1881) S. 8 ff.
[54]) Nur für den Fall, daß die Gerichtsherren die Criminaljurisdiction nicht
ausübten, ward ihnen im Art. 1 des II. Theiles der Landgerichtsordnung die Be-

hin beschränkt, daß die freien Landgerichte bloß die Voruntersuchung durchführen, die Acten aber sodann an das grazer Obergericht zur Urtheilsschöpfung einsenden mußten. — Den nicht privilegirten Landgerichten dagegen lag lediglich ob, die Straffälle, welche in ihrem Sprengel vorkamen, der innerösterreichischen Regierung anzuzeigen und um die Absendung des landesfürstlichen Bannrichters zu bitten, welcher sich hierauf über besondere Weisung von seinem ständigen Amtssitze aus gegen Vergütung der Reisekosten an den Thatort zu begeben, daselbst die nöthigen Erhebungen zu pflegen und Recht zu sprechen, beziehungsweise in der zweiten Hälfte des 18. Jahrhunderts nur mehr den Urtheilsentwurf "cum rationibus decidendi ad approbandum vel reprobandum" der innerösterreichischen Regierung vorzulegen und erst nach dem Herablangen der höheren Entscheidung das Strafelenntniß zu publiciren sowie für den Vollzug desselben Sorge zu tragen hatte. [33])

Solcher ambulirender Inquirenten gab es anfangs in Steiermark nur einen zu Graz; erst 1717 wurde im Interesse der Beschleunigung der Criminalangelegenheiten diesem noch ein zweiter zugeordnet, [34]) 1742 aber auch für die Grafschaft Cilli ein Bannrichter in Marburg aufgestellt, welche sämmtlich rücksichtlich ihrer Amtsthätigkeit, soweit sie nicht durch spätere Verordnungen beschränkt erschien, an die von Kaiser

rufung des landesfürstlichen Bannrichters verordnet. Der erwähnte Artikel lautet: "Item nach dem vnser Landleut, so von vns Landgericht haben, auß vil zufällen solchen Rechten selbs nit obligen oder warten künnen, damit aber die Straff des vbels nit auffgezogen, sonder gefürdert werden, soll demnach einem jeden Landgerichtsherrn hiemit zugelassen sein, wo Er aygner Person sollich Recht nit handlen wolt, das er dann vnser gordenten Panrichter im Land, darinnen zu besitzung des peindlichen Rechten, auch gebung der peindlichen fraß yederzeit an vnsern Vitzdomb erfordern vnd darzu gebrauchen mög."

[33]) Der Geschäftsgang bei den Banngerichten in Steiermark geht aus den von der obersten Justizstelle mit Rescript vom 18. Juni 1763 abverlangten Gutachten der Bannrichter in Graz, Leoben und Marburg deutlich hervor. Dieselben erliegen im Archive des obersten Gerichtshofes (fasc. 9, Nr. 34) und wir theilen im Anhange (unter Nr. XI.) einen Auszug aus dem Berichte des Bannrichters für Untersteier Dr. Karl Rieger mit. Demselben unterstanden 1763 in seinem Amtssprengel 34 Landgerichte; der oberstcirische Bannrichter hatte 17, jener für die Grafschaft Cilli aber 46 Landgerichte unter sich. Die Kosten wurden theils vom Staate, theils durch Landes- und Dominicalbeiträge gedeckt.

[34]) U. 3. für Obersteier, mit dem Amtssitze in Leoben (Verordnung vom 21. April 1717). Doch war dieser zweite Bannrichter anfangs schlechter dotirt und wurde erst seit Erlassung der Banngerichtsinstruction v. 1726, seinem Collegen in Graz gleichgestellt.

Karl VI. s. d. Laxenburg den 22. Mai 1726 erlassene Banngerichts-Instruction gebunden waren. ⁵⁷)

Den Bannrichtern ähnlich waren die in Preußisch-Schlesien eingeführten General-Inquisitoren (inquisitores publici). Die Justizzustände dieses seit dem österreichischen Erbfolgekriege mit Preußen vereinigten Landes, wo zur Zeit, von der hier die Rede ist, die daselbst am 17. Januar 1709 promulgirte Josephina bei Entscheidung peinlicher Fälle noch immer als Hauptgesetz galt, ⁵⁸) glichen jenen Böhmens und veranlaßten die neue Regierung sehr bald, den Untergerichten gegenüber mit Reformen hervorzutreten. Schon unterm 13. August 1750 erschien ein ausführliches Reglement, ⁵⁹) wonach den Gerichtsobrigkeiten in Städten und auf dem flachen Lande die Durchführung von Criminaluntersuchungen nur dann gestattet wurde, wenn sie über einen ordentlichen, für Straffachen bestellten Justizverweser und gute Gefängnisse verfügten. War dies nicht der Fall, dann lag denselben ob, jeden ihrer Jurisdiction unterstehenden oder doch auf ihrem Amtsgebiete betretenen Delinquenten, nach Vornahme eines bloß summarischen Verhörs unverweilt auf eigene Kosten und unter guter Begleitung an den zur weiteren Untersuchung competenten Kreisinquisitor abliefern zu lassen. Solcher Inquisitoren gab es anfangs zehn. Dieselben hatten in verschiedenen königlichen Immediatstädten, wo sich auch die zum Straf-

---

⁵⁷) Dieselbe erliegt im Archive des obersten Gerichtshofes (fasc. 9, Nr. 34) und folgt im Anhange (Nr. III). Ueber das später geänderte Verhältniß der Banngerichte in Steiermark zum dortigen Landrechte als rechtsprechende erste Instanz, vergl. Hofdec. v. 1. Mai 1830, Nr. 2462, J.-G.-S. — Die Bedeutung des ganzen Instituts sank, seitdem die nicht befreiten Landgerichte immer häufiger über geprüfte Criminalrichter verfügten und hiedurch die Ausübung der Strafgerichtsbarkeit erlangten, von Jahr zu Jahr. Das obersteirische Banngericht wurde über Antrag der obersten Justizstelle mit a. h. Entschließung vom 19. Dezember 1831 und jenes zu Graz mit a. h. Entschließung vom 2. Januar 1844 (Hofdecr. vom 11. Jan. 1844, Nr. 772, J.-G.-S.) aufgehoben.

⁵⁸) Ueber die Wirksamkeit der Josephinischen Halsgerichtsordnung als Provinzialgesetz in Preußisch-Schlesien, bis zur Einführung des allgem. Landrechtes vergl. C. F. W. Dater „Uebersicht des Gemein-Preußischen, besonders aber des Preuß.-Schlesischen Criminalwesens" (Breslau, 1802) S. 75 ff. Dr. Julius Abegg „Versuch einer Gesch. der Strafgesetzgebung etc. der Brandenburg-Preußischen Lande." (Berlin, 1835) S. 188 ff. Mathis „Allgem. jurist. Monatsschrift für die preuß. Staaten." Jahrg. 1811, Band XI, S. 127.

⁵⁹) S. Dater a. a. O. S. 63 ff.; auch citirt bei Kampt3: „Die Provincial- und statutar. Rechte in der Preuß. Monarchie." (Berlin, 1826) I., S. 502.

vollzuge nöthigen Frohnfesten befanden, ihren Amtssitz,[60]) wurden nach Ausweis vollkommener Befähigung von der königlichen Kammer bestellt, bezogen einen festen, mit Rücksicht auf die Zahl und Größe der ihnen zugetheilten Kreise bemessenen Jahresgehalt[61]) und mußten hiefür monatlich, ohne Anspruch auf weitere Nebengebühren,[62]) alle von Fall zu Fall an sie gelangenden Criminaluntersuchungen durchführen, sowie monatlich einmal die Gefangenhäuser inspiciren.[63])

Ob nun eine dieser für Böhmen ganz neuen Institutionen überhaupt ernstlich in Betracht zu ziehen sei, hing zunächst von der a. h. Entschließung über das obige Commissionsgutachten ab. Dieselbe erfloß bereits am 8. Juni 1763 und enthielt zweierlei Aufträge. Erstlich wurde verordnet, der Kostenfrage in der angedeuteten Weise die möglichste Aufmerksamkeit zu schenken und diesbezüglich bestimmte Anträge zu stellen; ferner sollte aber auch im Wege der obersten Justizstelle über die steiermärkischen Banngerichte eine genaue Information eingeholt und sodann berichtet werden, ob und in welcher Art diesen letzteren oder den eben erwähnten Generalinquisitoren in Böhmen Eingang verschafft werden könnte.

Die gewünschten Auskünfte über die Banngerichte langten seitens der innerösterreichischen Regierung bereits unterm 26. August 1763 mit dem Nachweise ein, daß die jährlich für dieselben erwachsenden Besoldungsauslagen 5100 Gulden betrugen, welche zum Theile ex aerario und von den Ständen in Steiermark bestritten wurden.[64])

Viel später, nämlich erst am 29. September 1764, erstattete die böhmische Appellationskammer den abverlangten Nachtragsbericht. Der-

---

[60]) U. z. zu Breslau, Brieg, Schweidnitz, Glogau, Grünberg, Liegnitz, Jauer, Oppeln, Neustadt und Glatz.

[61]) Derselbe wurde ihnen vierteljährig aus den Kämmereien der genannten Immediatstädte flüssig gemacht.

[62]) Nur wenn der Inquisitor durante processu im Interesse der Sache eine Amtsreise (etwa wegen eines Localaugenscheines) unternehmen mußte, waren ihm Diäten zu erfolgen. (S. Vater a. a. O. S. 71 u. 460.) Diese wurden dann als Strafproceßkosten vom Inquisiten und wenn dieser kein Vermögen besaß, vom eigentlichen Inhaber der Criminaljurisdiction eingehoben.

[63]) Die Urtheilsfällung stand der Oberamtsregierung zu. Die Kosten zur Instandhaltung der Frohnfesten, in welchen so gen. Stockmeister die Aufsicht führten, wurden aus den königlichen Cassen bestritten. (Vater a. a. O. S. 46, 65 u. 342.)

[64]) Jeder Bannrichter bezog an jährlichem Gehalt 1000, dessen Gerichtsschreiber 400 und der Freimann 300 Gulden.

selbe ist sehr ausführlich verfaßt⁶⁵) und es wird darin im Wesentlichen, selbst was die Zahl der zu regulirenden Halsgerichte betrifft, an den ursprünglichen Anträgen festgehalten. Um die Ziffer der für die Besoldung des neuen Gerichtspersonales erwachsenden Kosten richtig zu stellen, brachte man all' dasjenige in Anrechnung, was von den Communen der Städte, wo die Halsgerichte nunmehr allein ihren Sitz haben sollten, den Rathsmännern und ihren Gehilfen an Geld und Naturalien bisher verabfolgt wurde, wodurch sich in der That eine um mehrere tausend Gulden geringere Gesammtsumme herausstellte.⁶⁶) Das herrschende Gefängnißelend sowie der Umstand, daß die vorhandenen Arrestlocalitäten der künftighin zum Blutbanne berechtigten Orte offenbar räumlich unzureichend erschienen, bestimmten die Appellationskammer nochmals auf eine solide Herstellung und zweckmäßige Einrichtung der Frohnfesten zu dringen und da dies nach dem Befunde der Sachverständigen mindestens einen Aufwand von nahezu 170.000 Gulden verursacht hätte,⁶⁷) wies der Voranschlag für das erste Jahr nach dem Inslebentreten der beantragten Organisirungsvorschrift ein Erforderniß von mehr als 200.000 Gulden aus.⁶⁸)

⁶⁵) Er umfaßt 92 Bogen und war mit mehreren hundert Ausweisen, Rechnungen und Gutachten der Unterbehörden belegt.

⁶⁶) Für den Fall als nach dem Gutachten der Hofcommission außer Prag und Eger 36 Halsgerichte in Wirksamkeit bleiben sollten, wurden seitens der Appellationskammer nebst den bereits 1762 namhaft gemachten 24 Städten (vergl. Anmerk. 35 auf S. 14) noch als Gerichtsorte in Antrag gebracht: Náchod, Polička, Deutschbrod, Kolin, Welwarn, Přibram, Komotau, Teplitz, Neuhaus, Rokitzan, Taus und Reichenberg. — Bei Berechnung der Kosten wurde sohin stets darauf Rücksicht genommen, ob bloß 24 oder aber 36 Gerichte regulirt würden. Im ersteren Falle berechnete man die Gesammtkosten für die Besoldung des Gerichtspersonales auf 38.064 fl. 37 kr., im letzteren auf 58.620 fl. 27 kr.

⁶⁷) Es wurde nämlich angetragen, daß jede Frohnfeste der zuerst namhaft gemachten 24 Halsgerichte sechs, im Falle aber 36 Ortschaften in exercitio juris gladii belassen würden, deren Gefängnisse bloß drei oder vier Separationen für mindestens je sechs Delinquenten, dann eine sogen. Martergrube und Wohnräume für den Frohndiener, Schergen etc. umfassen solle. Die Herstellung der Gebäude sollte durchgehends aus dauerhaftem Materiale (Stein oder Ziegel) erfolgen und es wurden die Gesammtkosten, welche von den fernerhin jurisdictionsberechtigten Städten zu tragen gewesen wären, nach den Ueberschlägen der Bauverständigen mit 173.766 fl. 9 kr. eventuell 169.888 fl. 18 kr. berechnet.

⁶⁸) Für 24 Halsgerichte 211.830 fl. 46 kr., für 36 dagegen 228.508 fl. 27 kr., weshalb sich die Appellationskammer, schon der geringeren Kosten wegen, bloß für die Regulirung von 24 Gerichten aussprach.

Was endlich die Leistung von jährlichen Beiträgen zur Deckung der Criminalunkosten seitens jener Ortschaften anbelangte, denen man künftighin die Jurisdiction in Straffachen entzog, so legte zwar die Appellationskammer im Sinne des erwähnten Antrages der Hofcommission genaue Ausweise über die während der jüngst abgelaufenen zehn Jahre seitens sämmtlicher Halsgerichte gehabten Auslagen vor, war jedoch der Meinung, daß sich diese nicht zum Maßstabe bei Fixirung der erwähnten Beiträge eignen dürften. Mit Recht wurde nämlich in Würdigung der bereits geschilderten Zustände hervorgehoben, daß die Zahl der Straffälle und Inhaftirungen, welche bei den einzelnen Halsgerichten vorkamen und ihnen Auslagen verursachten, von der örtlichen Lage und Besetzung derselben, ja die Höhe der im Laufe eines Jahres dem inquirirenden Gerichte erwachsenden Strafkosten überdies von der Art der Verbrechen abhing, welche zufällig den Gegenstand seiner Untersuchungen bildeten, zumal, wie früher erwähnt, ob delicta publica aus den hiefür bestimmten Adminicularfonden eine Vergütung angesprochen werden konnte. Da überdies eine Criminaluntersuchung an den meisten Orten, welche hiezu gemäß der im Artikel IV der Josephina enthaltenen processualen Vorschrift zunächst berufen schienen, überhaupt nicht durchzuführen war, wurden die bei der That betretenen oder später ausgeforschten Delinquenten einfach dem nächstgelegenen Gerichte, dessen innere Einrichtung und Frohnfeste die Kreisämter im gegebenen Falle zur Inquisition für am besten geeignet hielten, eingeliefert und es häufte sich in Folge dessen gerade oft in weniger bemittelten Städten die Zahl der Straffälle außerordentlich, während reichere Ortschaften hievon ganz verschont blieben. Auch kam es nicht selten vor, daß einzelne Halsgerichte aus Nachlässigkeit oder Ersparungsrücksichten die eingebrachten Uebelthäter einfach laufen ließen, den pflichtgetreuen Gerichten gegenüber daher, was den Kostenpunkt betraf, im Vortheil waren und da überdies nach den 1764 vorgelegten amtlichen Ausweisen bei 117 Halsgerichten während des letzten Decenniums überhaupt nicht eine einzige Criminaluntersuchung durchgeführt, somit auch kein Kostenverzeichniß eingeschickt worden war, hätte bei Festhaltung des von der Hofcommission gestellten Antrages ein großer Theil der Gerichtsorte von jeder Beitragsleistung losgezählt werden müssen.

Die Appellationskammer erneuerte daher den bereits 1762 gestellten Antrag. Sie theilte die in Frage kommenden Gerichtsorte nach ihren möglichst genau erhobenen Vermögensverhältnissen in vier Classen ein, schlug vor, daß die höchsten Concurrenzbeiträge je 48, die niedersten je 12 Gulden betragen sollten und verfaßte sonach ein Präliminare, welches für den neu zu schaffenden Criminalfond, falls bloß 24 Halsgerichte in Wirksamkeit verblieben, eine jährliche Einnahme von 7476 Gulden in Aussicht stellte.

Gleich nach dem Einlangen dieses umfangreichen Operates, wurde dasselbe sammt dem früher erwähnten Berichte der innerösterreichischen Regierung, an die damals mit der Verfassung einer neuen peinlichen Halsgerichtsordnung betraute Compilationscommission zur Begutachtung geleitet.[69]) Dieselbe gab ihr Votum in einem a. u. Vortrage vom 12. Februar 1765 ab[70]) und war auf Grund der vorangegangenen weitwendigen Verhandlungen bemüht, in möglichster Kürze zu erörtern: 1. **welcher von den obigen auf die Organisirung der böhmischen Halsgerichte Bezug nehmenden Vorschläge sich am meisten zur Durchführung eigne; 2. wie hiefür ohne allzugroße Belastung des Aerars die Kosten aufzubringen seien und was 3. noch sonst im Interesse dieses Reformwerkes zu veranlassen wäre?**

Betreffs des ersten Punktes lehnte die Compilationscommission sowohl die Anträge des Appellationsgerichtes als auch jene der Hofcommission, trotz theilweiser Anerkennung ihrer Zweckmäßigkeit, mit Entschiedenheit ab. Ganz abgesehen davon, daß man die für den Umbau der Frohnfesten veranschlagten Beträge geradezu als für die dadurch allein betroffenen Städte unerschwinglich bezeichnete, erschien auch die von der Appellationskammer jährlich beanspruchte Kostensumme von mindestens 38.064 Gulden, nach Ansicht der Compilationscommission, als viel zu hoch. Man berechnete ferner, daß in Böhmen wenigstens 16 bis 24 Bannrichter oder Generalinquisitoren mit einer Jahresbesoldung von je tausend, eventuell achthundert Gulden hätten angestellt werden müssen, was von allen übrigen Kosten abgesehen, ein Erforderniß verursachte, das gleichfalls zu den bisher für

---

[69]) Dieser Commission gehörten damals — unter dem Vorsitze des Grafen von Althann — die Justizhofräthe Hartig, Haan, Pelser, Bourguignon, Holger und von Seite der böhm. österr. Hofkanzlei die Hofräthe von Kannegießer und Zencker an. Hofrath Holger fungirte als Referent.

[70]) Dieser Vortrag ist vom Hofkanzler Rudolf Grafen Chotek und dem obersten Justizpräsidenten Grafen Brenner gefertigt und wurde am 8. März 1765 vorgelegt.

Criminalzwecke bestimmten, stets schwankenden Einnahmen in keinem gehörigen Verhältnisse stand. Ueberdies hielt die Compilationscommission die Einführung der Bannrichter in Böhmen auch deshalb nicht für angezeigt, weil die bedeutende Ausdehnung der Kreise, in denen sie ihre Thätigkeit entfalten sollten, schon nach der Natur des ganzen Instituts kaum eine rasche Erledigung der an verschiedenen, oft von einander weit entfernten Orten vorkommenden Straffälle gestattete. Die Commission glaubte daher lediglich auf eine Reduction der Halsgerichte in jener Weise, wie man sie bereits vor Jahren in Mähren durchgeführt hatte, antragen zu sollen, so daß die Strafjustiz künftighin in ihrem vollen Umfange — soweit nicht betreffs einzelner Verbrechen (in criminibus exceptis) Ausnahmen bestanden [71]) — nur in Prag, Eger und den bereis 1762 von der böhmischen Appellationskammer namhaft gemachten 24 Städten, wo das „gremium magistratuale ohnehin meist mit litteratis besetzt war" ausgeübt, an jedem dieser letzteren

---

[71]) Aus Anlaß eines 1761 von der böhmischen Appellationskammer zur höchsten Entscheidung vorgelegten, das Verbrechen der Münzverfälschung betreffenden Straffalles, wurden wegen mangelhafter Durchführung desselben beim Prag-Altstädter Magistrate, den unteren Instanzen seitens der obersten Justizstelle mehrfache Ausstellungen gemacht, zugleich aber mit a. h. Resolution vom 18. Februar 1762 verordnet, daß „derlei wichtige, das Publicum so sehr intressirende Processe nicht den Stadtmagistraten überlassen, sondern unmittelbar von der Appellationskammer abgeführt werden sollen." Das Appellationsgericht wies hierüber auf die damals in Böhmen geltenden gesetzlichen Bestimmungen hin, wonach „denen Halsgerichten die Inquisition durchgehends über alle Verbrechen ohne Ausnahme zugestanden sei" und stellte vor, daß die Handhabung jener a. h. Weisung bedeutende Criminalkosten und für die Appellationsräthe zudem eine empfindliche Geschäftsvermehrung zur Folge hätte, überdies aber auch die prager Frohnfesten kaum ausreichend wären, um die zum Verhöre nach der Landeshauptstadt transportirten Delinquenten in Verwahrung zu nehmen. Trotzdem wurde unterm 7. Juli 1762 der obige Auftrag erneuert und lediglich gestattet, daß zur Inquisition in den angedeuteten Fällen eventuell auch Halsgerichte, welche über tüchtige Criminalisten verfügen, delegirt werden können. Zur näheren Erläuterung wurde endlich in dieser Angelegenheit noch das Hofrescript vom 11. August 1762 erlassen, welches wir im Anhange (Nr. X) mittheilen, und worin die Verbrechen, betreffs welcher in Hinkunft dem Appellationsgerichte die Inquisition und Aburtheilung zustehen sollte, genau angeführt erscheinen. Dieselbe Weisung erging gleichzeitig an das brünner Tribunal. — Zur Unterbringung der in Böhmen ob crimina excepta eingelieferten Inquisiten, dienten die Frohnfesten der 4 Prager Städte. (Archiv des obersten Gerichtshofes, fasc. 56 lit. G und fasc. Acta ex anno 1762.) Auch die Theresianische Halsgerichtsordnung wies später (Art. 21 u. 22) dem Appellationsgerichte einen ähnlichen Wirkungskreis zu.

Gerichtsorte ein obergerichtlich geprüfter Syndicus angestellt und diesem für seine Mühewaltung jährlich ein Besoldungsbeitrag von je hundert Gulden ex fundo criminali zuerkannt werden sollte. Rücksichtlich der übrigen 355 Gerichtsorte, pflichtete die Compilationscommission der bereits früher von anderer Seite vertretenen Ansicht bei, daß ihnen das titulo oneroso, remunerationis vel ex privilegio erworbene Recht zur Ausübung der Criminaljurisdiction vorzubehalten sei. Auch erklärte es die Commission als im Interesse der Justizpflege und öffentlichen Sicherheit wünschenswerth, den Gerichten daselbst künftighin sogar noch einen beschränkten Wirkungskreis u. z. dahin zuzuerkennen, daß sie die einer strafbaren Handlung verdächtigen Personen gefänglich einzuziehen, in dringenden Fällen den Thatbestand zu erheben und die Inculpaten nach einem summarischen Verhöre auf Kosten der Obrigkeiten im Einvernehmen mit den Kreisämtern an das nächste der neu organisirten Halsgerichte einzuliefern hätten. Um aber der Nothwendigkeit des Baues neuer Gefängnisse zu entgehen und zugleich einer Ueberfüllung der Arreste am Sitze der jurisdictionsberechtigten 24 Halsgerichte zu begegnen, ward empfohlen darauf zu dringen, daß im ganzen Lande die bereits vorhandenen Frohnfesten von den Gemeinden oder Dominien in Stand erhalten und im Falle des Bedarfes dem jeweilig requirirenden Untersuchungsgerichte zur Verfügung gestellt werden.

Belangend zweitens die Bedeckung der Criminalunkosten, hielt die Compilationscommission dieselbe nicht für schwierig, indem es sich nach ihrem vorstehenden Antrage lediglich um die erwähnten Gehaltszuschüsse sowie um den Ersatz jener Auslagen handeln konnte, welche den in voller Wirksamkeit verbleibenden 24 Halsgerichten, ohne Rücksicht auf die Art des Delictes ex jurisdictione vicaria erwuchsen. Da nun die Summe der ersteren mit 2400 Gulden berechnet und die Höhe der letzteren gemäß der Erhebungen des Appellationsgerichtes approximativ auf 6000 Gulden angeschlagen wurde,[72] war bloß für die Bestreitung eines sich jährlich erneuernden Gesammtaufwandes von 8400 Gulden zu sorgen, ein Betrag, der in den zu Gebote stehenden Mitteln um so mehr seine Deckung fand, als die Compilationscommission die Inanspruchnahme der Gerichtsorte, welche man künftig der Mühen und Kosten in Strafsachen enthob, nach dem dies-

---

[72] Seitens jener Halsgerichte, welche außer Wirksamkeit treten sollten, wurden nämlich an jährlichen Criminalunkosten, mit Zugrundelegung eines zehnjährigen Durchschnittes, beim Obergerichte ausgewiesen:

falls vom Obergerichte beantragten Modus billigte, die zu leistenden Concurrenzbeiträge aber höher als die Appellationskammer ansetzte und sich so mit Hinzurechnung der bisherigen Zuschüsse aus den Adminicularfonden, noch eine Mehreinnahme für unvorhergesehene Ausgaben erzielen ließ. [73]) Uebrigens sollten sämmtliche, für Straffachen bestimmte Einnahmen nunmehr in eine bei der Appellationskammer verwahrte Caffe fließen und daselbst als fundus criminalis verrechnet, die Ausweise hierüber aber der obersten Justizstelle zur Prüfung vorgelegt werden.

Eine **bessere Rechtsprechung** endlich erwartete die Compilationscommission insbesondere von der gehörigen Besetzung der Syndicate und verlangte überdies strenge darauf zu sehen, daß die Rathsmänner der in exercitio juris gladii verbleibenden Halsgerichte mit der **Josephina** vertraut, nach Vorschrift des Gesetzes (Art. II. § 3) beeidet und wenn dies nicht der Fall, keiner Criminaluntersuchung beizuziehen seien.

Am Schluße ihres Gutachtens erörterte die Compilationscom-

Im königgräßer	Kreise	(gleichen Antheils)	147 fl.	— kr.
„ „	„	(bidschower Antheils)	149 „	— „
„ chrudimer	„		399 „	— „
„ caslauer	„		243 „	30 „
„ rakonißer	„		399 „	30 „
„ berauner	„		476 „	— „
„ saazer	„	(gleichen Antheils)	220 „	— „
„ „	„	(elbogner Antheils)	524 „	30 „
„ leitmerißer	„		385 „	— „
„ bechiner	„	(taborer Antheils)	227 „	30 „
„ „	„	(budweiser Antheils)	304 „	30 „
„ prachiner	„		641 „	— „
„ pilsner	„	(gleichen Antheils)	527 „	— „
„ „	„	(klattauer Antheils)	79 „	30 „
„ jungbunzlauer	„		457 „	— „
		Zusammen daher	5180 fl.	— kr.

Da aus dem kaurimer Kreise keine Kostenberechnung eingelangt war, bezifferte man den Gesammtkostenbetrag, der in Hinkunft ex jurisdictione vicaria den neuen Gerichten erwachsen würde, in runder Summe mit 6000 fl.

[73]) Die Compilationscommission setzte die Concurrenzbeiträge mit 60, 45, 30 und 15 (zusammen mit 9420 Gulden) fest und schlug die poenae temere litigantium sowie die septimae litium jährlich beiläufig auf 1000 Gulden an, was eine Einnahme von 10.420 Gulden und mit Rücksicht auf die oben bezifferte Ausgabe, einen Ueberschuß von 2020 Gulden ergab.

mission, der künftig geänderten Verhältnisse wegen, auch noch die Frage der Competenz zur Einleitung des standrechtlichen Verfahrens. Die Nothwendigkeit, daß in Fällen, wo gewisse Verbrechen in besonders gefahrdrohender Weise um sich greifen, außerordentliche Maßregeln in Anwendung kommen müssen, ward seit 1650 in mehreren, für die böhmischen Länder erlassenen Verordnungen anerkannt.[74]) Als um die Mitte des 18. Jahrhunderts in Böhmen die Sicherheit des Eigenthums und der Person immer häufiger durch Brandlegungen und die Zusammenrottung von Raubgenossen gefährdet wurde, schien es angezeigt, diesem Treiben neuerlich energisch entgegenzutreten und zur Unterdrückung derartiger verbrecherischer Ausschreitungen im ganzen Lande das Standrecht zu publiciren, wobei jedoch das bezügliche Patent vom 14. September 1750 und die demselben nachgefolgten Prorogationsrescripte, die Befugniß zur Anordnung dieses strengen, sehr gekürzten Strafverfahrens nur einigen Halsgerichten einräumten.[75]) Außerdem war zufolge mehrerer Verordnungen[76]) das Standrecht ohne Beschränkung auf einen bestimmten Zeitraum im Allgemeinen auch noch wider Desertion und Falschwerbung angedroht, gegen Deserteure aber nur dann, wenn sie sich auf der Flucht gewaltsam der Anhaltung durch „einen getreuen, ihnen nachsetzenden Unterthan" widersetzten. In diesem Falle sollten dieselben ihrer Militärprivilegien verlustig, als gemeine Mörder angesehen und dem nächsten Halsgerichte zur standrechtsmäßigen Behandlung eingeliefert werden.[77]) — Das Appellationsgericht sprach sich

---

[74]) Vergl. das kaiserl. Patent vom 7. August 1650 und den sich hierauf beziehenden Landtagsbeschluß aus demselben Jahre. (Weingarten's Codex Ferd. Leop. Jos. Carol. S. 266 und 274 ff.) Die Josephina entbehrte einer besonderen Bestimmung über das Standrecht; erst die Theresiana behandelt dasselbe im Art. 49 des I. Theiles ausführlich. — Für Mähren erflossen seit 1699 wiederholt gegen Raub, öffentliche Gewaltthätigkeit und Verleitung zur Emigration gerichtete Standrechtspatente; geregelt wurde das bezügliche Verfahren hier durch das Patent vom 4. Juni 1757.

[75]) Dieses Patent wurde in Conformität mit dem an die böhmische Appellationskammer unterm 7. September 1750 erlassenen Hofrescripte u. z. zunächst nur mit der Wirksamkeit für ein Jahr kundgemacht, das Standrecht aber sodann über jährlich erneuertes Ansuchen der Appellationskammer (bis 1781) immer wieder prorogirt. Dasselbe folgt im Anhange unter Nr. VII. — Als Standgerichtsorte erscheinen darin genannt: Prag, Eger, Budweis, Chrudim, Jungbunzlau, Königgrätz, Kuttenberg, Leitmeritz, Pilsen und Saaz.

[76]) Patent v. 11. Juli 1750; Rescripte vom 6. Juni und 16. September 1752, 13. April 1753 und 4. October 1755.

[77]) Nur wenn das Halsgericht in Ausübung seiner Jurisdiction säumig war,

unter Hinweis darauf, daß die Besorgung dieser höchst verantwortlichen Geschäfte bisher anstandslos erfolgt war, für die fernere Aufrechthaltung des vorhandenen Zustandes aus; die Compilationscommiffion dagegen hielt eine solche ausnahmsweise Bestimmung den fernerhin mit dem Blutbanne betrauten 24 Gerichten gegenüber nicht für begründet, und befürwortete vielmehr dieselben auch in den für das standrechtliche Verfahren vorbehaltenen Fällen als allein zuständig zu erklären.

Bevor man nun an höchster Stelle über die vorangeführten, von dem obergerichtlichen Gutachten mehrfach in wesentlichen Punkten abweichenden Anträge der Compilationscommiffion zur endgiltigen Entscheidung schritt, wurden dieselben zunächst noch dem Oberstburggrafen in Böhmen, Filipp Grafen Kolowrat [18]) sowie dem Appellationspräsidenten Grafen Wieschnik, und nachdem diese Beiden hierüber einen gemeinschaftlichen Bericht erstattet hatten, dem Staatsminister Grafen von Blümegen zur Aeußerung mitgetheilt, sodann aber das Votum des Letzteren sammt den einschlägigen Acten beim Staatsrathe in Circulation gesetzt. [19])

Die Grafen Kolowrat und Wieschnik anerkannten zwar die von der böhmischen Appellationskammer in Vorschlag gebrachten Reformen, insoferne sie bedeutende finanzielle Opfer erheischten, als undurchführbar, gaben jedoch zu bedenken, daß sich die Criminalgeschäfte nunmehr am Lande nur bei 24 Gerichten concentriren sollten, die Syndici allein, nachdem sie auch mit anderen Arbeiten überhäuft waren, selbst wenn in ihrer Berufsthätigkeit keine Störung eintritt, kaum im Stande sein dürften, der ihnen zugemutheten Aufgabe vollkommen zu genügen und auf diese Weise daher die so sehr angestrebte Raschheit bei Erledigung der Straffachen nicht zu erzielen sei. Sie erachteten somit, daß nebst dem Syndico bei jedem Halsgerichte wenigstens noch zwei geprüfte Examinatoren anzustellen wären, berechneten die jährlichen

---

kam die Sache ad judicium ordinarium, indem der Delinquent an sein, oder wenn dies nicht gut thunlich, an das nächstgelegene Regiment eingeliefert und kriegsrechtlich abgeurtheilt wurde. (Archiv des obersten Gerichtshofes. Fasc. Acta bohem. Nr. 2563.)

[18]) Ueber Filipp Grafen Kolowrat-Krakowsky (geb. 1688, gestorb. 1773), welcher zu jener Zeit Oberstburggraf und Präsident des Landesguberniums in Böhmen war, vergl. Wurzbach's biograph. Lexikon XII., S. 383.

[19]) Die staatsräthlichen Acten erliegen nebst dem Berichte der Grafen Kolowrat und Wieschnik (sine dato), im geheimen Cabinetsarchive unter Z. 1381, ex anno 1765.

Criminalunkosten mit 19.000 Gulden und schlugen vor, daß zur Deckung derselben sowie zur Schaffung eines Reservefondes, außer den mehrerwähnten Adminicularfonden und Beiträgen auch noch 6000 Gulden aus dem sogenannten „Armen-Leut-Aufschlage" zu widmen seien. [80])
Graf von Blümegen dagegen schloß sich dem Gutachten der Compilationscommission an und hielt nur die Ziffer der Beiträge, welche von den außer Wirksamkeit tretenden Gerichtsorten zur Hebung des Criminalfondes eingehoben werden sollten, mit Rücksicht auf die traurige finanzielle Lage derselben für zu hoch gegriffen. Auch schlug er vor, daß zur leichteren Geschäftsbehandlung dem Syndico stets das fähigste Mitglied des Magistratsgremiums, gegen einen jährlichen Besoldungsbeitrag aus dem Criminalfonde, als „Criminal-Mitgehilfe" beizugeben sei.

Dieser Antrag Blümegen's wurde endlich, obzwar im Staatsrathe auch Stimmen für die Ansicht Kolowrat's und Wieschnik's laut wurden, [81]) von der Kaiserin am 25. Juni 1765 acceptirt und es

---

[80]) Der „Armen-Leut-Aufschlag" betraf anfangs Cacao, Chocolade und Thee, woferne dieselben in Handel gelangten, und wurde später noch auf Zucker und Kaffee ausgedehnt. Das Patent, welches denselben einführte, datirt vom 30. März 1763 und lautete: „Wir Maria Theresia etc. geben gnädigst zu vernehmen, daß vom 1. Mai dies 1763. Jahrs von dem in Unserem Königreich Böheim, Erzherzogthum Oesterreich ob- und unter der Enns, Herzogthum Böhmisch-Schlesien, Marggrafenthum Mähren und Inner-Oesterreich eingeführt werdenden Cacao vom Wiener Centner 37 fl. 48 kr., von der ausländischen Ciocolade vom Centner 73 fl., vom Thee aber vom Werth eines Gulden 9 kr. an Consumo-Mauth und Zöllen abgeführt und anbei von eben diesen Capi über obigen Aufschlag auch in den nachstehenden Städten, als zu Prag, Brünn, Olmütz, Troppau, Linz, Klagenfurt, Laibach und Görz, ein zum Behuf der Waisenhäuser verwendet werdender Aufschlag (welcher zu Wienn und Gräz zur Unterhaltung der Armen gewidmet ist, daselbst auch in Hinkunft dahin zu verwenden sein wird) und zwar vom Cacao vom Wiener Centner 10 fl., vom Centner ausländischer Ciocolade 15 fl., vom Pfund Thee aber 15 kr. bei den in diesen Städten aufgestellten Maut- und Zollämtern untereinstens eingehoben werden solle." — Einschwärzungen von Zucker und Kaffee wurden neuerlich mit Pat. v. 22. August 1766 im Interesse des Armen-Leut-Aufschlags verhoben.

[81]) Es gaben ihr schriftliches Votum Stupan, Borié und Graf Haugwitz ab und waren übereinstimmend der Meinung, daß die von der Appellationskammer beantragte Ziffer der von den Gerichtsorten einzuhebenden Beiträge keineswegs weiter herabzusetzen, wohl aber der zu rein humanitären Zwecken gewidmete „Armen-Leut-Aufschlag" für den Criminalfond nicht in Anspruch zu nehmen sei.

langte die a. h. Entschließung über den am 8. März (765 erstatteten
a. u Vortrag der Compilationscommission, im Wege der obersten Justizstelle bereits am 29. Juni (765 herab, worauf im Sinne derselben
unverweilt vom Hofrathe Holger die „Pragmatical-Sanction
wegen Restringirung der Halsgerichte und Dotirung des
fundi criminalis in Böhmen" verfaßt, von Maria Theresia
sub dato Innsbruck, den 15. Juli 1765 genehmigt und sohin an die
böhmische Appellationskammer expedirt wurde. [82])

Das in Prag unterm 19. August 1765 durch den Druck ver-
öffentlichte, denselben Gegenstand betreffende Patent, ist mit der eben
erwähnten Pragmatical-Sanction nahezu wörtlich gleichlautend. [83])

---

[82]) Wir verweisen auf Nr. XII im Anhange. Ganz dieselbe Norm wurde
gleichzeitig an das prager Gubernium erlassen. (Archiv des k. k. Ministeriums des
Innern. fasc. VI, C—1.)

[83]) Dieses Patent, wovon Exemplare in den Archiven des böhmischen Ober-
landesgerichtes und des obersten Gerichtshofes erliegen, fand auch Aufnahme in der
„Sammlung aller k. k. Verordnungen und Gesetze vom J. 1740—1780, die unter
der Regierung des Kaisers Joseph II. noch ganz bestanden oder nur zum Theile
abgeändert wurden." (Wien, 1787. Band IV, S. 446.)

Anhang.

I.

Hofrescript ddto. Wien, 8. März 1725. (An die königl. Appellationskammer in Prag gerichtet.)

Carl etc. Liebe Getreue! Wir haben Unß Euern über die beßere Einrichtung des Criminal-Wesens unterm 16. Juli im verfloßenen 1722ten Jahr eingeschickten Bericht umbständlich gehorsamst vortragen laßen und daraus mit mehrern vernommen, waß Unß Ihr darinnen für einen gutachtlichen Vorschlag sowohl auf waß Weiß die Criminalia bey denen in Unseren königlich böhmischen Erblanden befindlichen Halßgerichten schleuniger befördert, als auch wie die Instruirung und Begleithung deren von denen Delinquenten von der ihnen in via justitiae zuerkannten Strafe anhero ergreifenden recursuum pro gratia kürzer gefaßet, dann wie die allzuhäuffig und indistincte nemmende recursus selbsten einigermaßen restringiret und waß für eine distinction bey dem von ihnen Delinquenten ergreifenden Gnadens-Weg gemachet, mithin wie solche Gnadens-Gesuche in deren gutächtlicher Begleithung oder aber Abschlagung der Gnade von einander unterschieden werden könnten, gehorsamst an die Hand gegeben habt. Wie nun

Primo respectu deren ersteren zweyen passuum, waß dießfalls ad interim und biß Wir Uns über die von Unseren königlichen Gouvernien und Euch ratione Einführung deren Bann- oder Criminal-Richter zu thun habende Vorschläge des weiteren werden gnädigst entschloßen haben, zu observiren seye, die von Unß Euch unterm heutigen dato zugekommene resolution das Behörige umbständig eröffnet, worbey Wir es dann auch nochmahlens biß dahin gnädigst bewenden laßen. Also und waß

Secundo den dritten passum, wie nemblichen die häuffigen recursus pro gratia zu restringiren und welcher gestalten die crimina selbsten unter einander zu distinguiren oder zu separiren wären, anbetrifft, da thuen Wir Uns zuförderst das crimen lesae Majestatis, seditionis sambt anderen in das publicum tief einlaufenden, denen obigen

gleichen speciebus delictorum (welche ohnedeme nach Inhalt der Pein¬
lichen Halßgerichts-Ordnung jedesmahl Unß zu hinterbringen und darmit
nicht biß von denen reis der recursus pro gratia gesuchet wird, zu
warthen ist) deren behörige Bestrafung noch ferners billig vorbehalten;
dahingegen
Tertio respectu deren criminum atrocissimorum als assassinii,
paricidii, infanticidii, latrocinii, veneficii, bestialitatis, robbariae,
sacrilegii, stehen Wir nicht an zur Restringirung deren recursuum
Euch dießfalls das gewissenhaffte arbitrium, ob der recursus pro gratia
zuzulassen oder aber abzuschlagen seye, zu überlassen, in welchen Ver¬
brechen Ihr dann außer denen Fällen wo eine höchst wichtige, entweder
in persona oder in facto bestehende Ursache ein solches erheischen möchte,
den recursum nicht leicht gestatten werdet.

Quarto haben Wir auch gleichermassen kein Bedenken in denen
übrigen delictis, als in crimine blasphemiae, sortilegii, homicidii,
furti, sodomiae, incendii, adulterii, incestus, perjurii raptus, stupri,
bigamiae, procurati abortus und sonsten in allen und jeden die Todes¬
straff nach sich ziehenden Verbrechen Eueren arbitrio religionis et con¬
scientiae, ob in denen jetzt recensirten und anderen denenselben gleichen
Verbrechen der recursus pro gratia statthabe oder nicht, die Entschei¬
dung zu committiren, mit dem jedoch ausdrücklichen Zusatz, daß

Quinto Ihr in diesen criminibus, wo die in der Josephinischen
Peinlichen Halßgerichts-Ordnung oder sonst in legibus patriae ausge¬
setzte Straff allzuscharff ist, dem recursui seinen Lauff lassen und nebst
Anzeigung bey einem jeden dergleichen casu, auf waß Weiß der biß¬
herige rigor legis Euerer Meynung nach moderiret werden könnte,
solchen anhero mit Gutachten begleithen, auch in denen anderen de¬
lictis, so nur atrociora genennet werden, den recursum nicht leicht ab¬
schlagen sollet, es wäre dann

Sexto, daß wegen deren das factum mitigirenden Umbständen,
die Straff in der Sentenz dem delicto bereits commensuriret worden
wäre und weder die Persohn noch das factum in seinen Umbständen
selbst eine weitere Gnad verdienen möchten, so Wir Euerer gewissen¬
haften dijudication gänzlich überlassen. Damit aber in dieser das
menschliche Leben und Blut angehenden wichtigen Sach alle erforder¬
liche Behutsamkeit gebraucht werde, so wollen Wir

Septimo, daß die recursus jedesmahl in genugsamer ehehin schon
ohnedem vorgeschriebener Anzahl, nemblichen wenigstens in Neun

Räthen Gegenwarth vorgenommen und in derley fällen (wo Du Praesident oder derjenige so in Deiner Abwesenheit daß Praesidium führet es für nöthig befinden möchte) dem Referenten annoch ein Correferent besonders in jenen casibus, wo von Euch in via justitiae gesprochen, mithin schon ein Referent bestellet werden zu dem Ende, womit selbter dasjenige, waß etwann dem Referenti sowohl von denen das delictum lindernden Umbständen, als auch zur mitigation der Straff verläßlich nicht beyfallete, zu besserer Sicherstellung deß beederseithigen Gewissens aus denen actis ausfindig machen könne, zugegeben, beym Vortrag der Sachen alles reiflich erwogen und wann zwey Drittel deren votorum pro denegatione ausfalleten, solchenfalls allererst die in via justitiae gefällte Sentenz vollzogen und sodann Unß de casu in casum die also abgeschlagene Gnad nebst denen rationibus kurz pro notitia berichtet werden solle. Da aber

Octavo die vorgeschriebene Anzahl deren zwey Drittheil votorum ad denegandam gratiam nicht ausfallete, so wird auf diesen sich ereignenden fall dem recursui pro gratia der ungehinderte Lauff zu lassen und von Euch gewöhnlichermassen das Gnadengesuch anhero gutächtlich zu begleithen seyn. Und gleichwie nun

Nono Wir dießfalls Unß gegen Dich Praesidenten versehen und Unß auf Deine, dann deren sämmtlichen Räthen treue Pflicht gänzlich verlassen, daß Ihr sambt und sonders den Euch schon vorhero und anjezo vorgeschriebenen modum procedendi genau in Acht nehmen und andurch die sonst einsmahlige bey dem Allerhöchsten Gericht in dieser das menschliche Blut angehenden Sach zu thun habende schwere Verantwortung allerseiths zu vermeiden Euch äußerst bemühen werdet, allermassen Wir Unser Gewissen dessenthalben gänzlich entladen und hingegen auf jenen fall, da von Euch dießfalls das Behörige vermög der Rechten und auf die vorgeschriebene Weiß nicht beobachtet werden möchte, das Eurige hiermit vollkommentlich beschweret haben wollen, also thun Wir auch

Decimo obige in diesem gegen Euch gesetzten Vertrauen eingeraumbte und Euerer Verantwortung gänzlich überlassene Macht und Gewalt über die recursus pro gratia zu arbitriren, auf drey Jahr restringiren, hiernächst aber

Undecimo gnädigst anbefehlen, Unß über die oben resolvirtermassen de casu in casum einzuschicken habenden Berichte die Specification derer das Jahr hindurch verworfenen recursuum (umb daraus den dießfälligen fructum absehen zu können) allemahl zu Ende des Jahres allerunterthänigst einzusenden und bey Verfertigung dieser alljährlichen General-Specification jedesmahl hierüber, waß Ihr etwan in executione dieser Unserer allergnädigsten Resolution quoad practicabilitatem oder sonsten zu erinnern hättet, Euch gutachtlichen herauszulassen. Waß aber

Duodecimo Euere gethane Anfrag, wie Ihr nemblichen in jenen casibus, wo vermög der Rechten ob gravitatem delicti das crurifragium von unten hinauf denen Delinquenten anzudictiren kommet, concerniret, da gehet Unsere gnädigste Verordnung dahin, daß Ihr Unß in diesen Fällen, wo Jemand mit dem Radbrechen von unten hinauf gestraffet werden solle, solches jedesmahl gutachtlichen, jedoch in möglichster Kürze berichten und falls Ihr die zu solchen Radbrechen von unten hinauf verurtheilten Delinquenten vermög der oben Euch auf drey Jahr zugewendeten Macht und Gewalt sonst keiner Gnad würdig zu seyn erachten würdet, solches Unß kürzlich hinterbringen, einfolgsamb nur respectu der Milderung deß crurifragii Euch umb Unsere Resolution anfragen und die allergnädigste Entschließung hierüber erwarthen sollet. Jedoch werdet Ihr zur Andictirung sothaner Straff der Räderung von unten hinauf, außer bey denen sich äußernden besondern wichtigen Umbständen, als worzu Euch ohnedeme die Criminal-Instruction bindet, nicht leicht zu gehen haben. Ferners und

Decimo tertio thun Wir die oben respectu deren criminum capitalium Euch beygelegte Macht, auch auf andere poenam mortis nicht nach sich ziehende Missethaten hiermit auf die obbesagten drey Jahr gleichfalls extendiren, ohne daß

Decimo quarto nöthig wäre, wegen dieser die poenam capitalem nicht nach sich ziehenden Verbrechen einen Correferenten zu bestellen oder die denegationes recursuum Unß de casu in casum anzuzeigen, sondern finden Wir hieran genug zu seyn, wann Unß zu Ende eines jeden Jahrs nebst der obigen Specification auch von Euch dießfalls die Consignation der abgeschlagenen recursuum wird allemahl eingeschickt werden. Wir wollen jedoch

Decimo quinto die personas honoratiores, als welchen in derley delictis in via gratia anhero den Zug zu nehmen allerdings unbenommen seyn soll, hiermit per expressum eximiret haben, wie denn auch

Decimo sexto in casu der anzudictiren kommenden Relegation (als mit welcher so schlechterdings zu verfahren Euch ohnedem untersaget und statt derselben **auf die Galleeren-Straff zu reflectiren ehedeſſen ſchon gnädigſt anbefohlen worden**) der recursus pro gratia von Euch nicht leicht abgeſchlagen werden ſolle. Unß ſolchemnach gnädigſt verſehende, daß Ihr Euch dieſer Unſerer allergnädigſten Resolution gemäß in allem gehorſambſt verhalten und der Euch obverſtandenermaſſen auf drey Jahr verliehenen Macht und Gewalt, ohne auf Euch einige Verantworttung zu laden, auf die vorgeſchriebene Weiß gehorſamſt gebrauchen werdet. Hieran etc.

II.

Project über die Introducirung deren in denen Nideröſterreichiſchen Landen mit gutem Nutzen und zur Beförderung der Criminalien bereits eingeführten Bannrichter.
(D. 8. März 1725.)

1mo Könnte in einem jeden Kreyß oder Bezirk ein ſolcher Bannrichter aufgeſtellet werden, welcher alle in ſelbigem Kreyß oder Bezirk vorfallende Criminal-Process abzuführen ſchuldig ſeyn mögte und wäre dieſer Bann- oder Criminal-Richter vor der Aufnehmung zum beſagten Ambt über dem Criminal-Process genau zu examiniren und nach ausgeſtandenem examine, wann er in demſelben wohl beſtanden, alsdann zu ſolchen officio zu befördern.

2do Die Beſoldungen für dieſe Bann- oder Criminal-Richtere könnten etwann aus denen septimis oder respective decimis litium genommen, auch die Hals-Gerichte, welchen dardurch quoad sumptus et labores eine sublevation widerfahrete, zu einem Beytrag gezogen werden.

3tio Sollten diejenigen Hals-Gerichte, welche mit einem guten Syndico und deren Criminal-Sachen kündigen subjectis ſelbſt nicht verſehen ſeynd und ſich zu ſprechen nicht getrauen, ad formandum processum criminalem den Bannrichter zu beruffen ſchuldig ſeyn, immaſſen in deren wohlbeſtellten Gerichten Willkühr und Belieben ſtünde zur Formirung eines ſolchen processus den Bann-Richter zu beruffen, oder nicht.

4to Wären dieſe Bannrichter dahin zu verbinden, daß ſelbte eine genaue Acht haben ſollten, ob ein oder anders Hals-Gericht zur Erſparung deren Unkosten die Delinquenten beizufangen nicht unterlasse, oder auch die eingefangenen dimittire, so er auch allsogleich gehörigen Orths zu denunciren hätte, und weilen der Bannrichter allenthalben auf dem Land, wo Hals-Gerichte seynd, herumkommen kann, so hätte derselbe die carceres zu visitiren, und was er dießfalls oder sonsten nöthig zu seyn findete, zu erinnern, auch ob und wie es befolget werde selbsten zu invigiliren, über welches alles und auch über das bald unten folgende eine ausführliche instruction zu verfassen seyn würde; gleichwie dann auch

5to ein solcher Bann- oder Criminal-Richter weithers dahin etwann zu instruiren wäre, daß sobald von Ihme mit dem inquisito der Criminal-process vollbracht worden, er annoch vor Verabfassung des Criminal-Urthels den inquisitum befragen solle, ob derselbe eine Defensions-Schrifft durch einen Rechts-freund selbst verfassen oder aber ihme Criminal-Richter überlassen wolle, womit Er alles dieses, was ihme reo dienlich und zu Milderung der Straff nützlich ist, in seiner Relation anführe; und da sich

6to der Inquisit selbsten zu defendiren vermeinte, da würde ihme hierzu ein terminus legalis anzusetzen seyn, und der Criminal-Richter inzwischen eine andere Arbeith zu verrichten, sodann und nach empfangener defensions-Schrifft aber, wie auch, wann Inquisit der defension renuncirete und dem Bann-Richter seine causam überlassen hätte, alle Umbstände, die ihme, als welcher die Inquisition und das examen selbst vollführet, am besten bekannt seyn würden, nach seinem Wissen und Gewissen zu überlegen, alle mitigantia in relatione einzubringen und das Urthel zu verabfassen haben, wornebst auch zu determiniren wäre, ob und wie viel Commissarii von dem magistratu loci, wann der Criminal-Richter das Urthel schöpfet, gegenwärthig seyn und mit votiren sollen.

7mo Betreffend die recursus pro gratia, da hätte der Bann-Richter mit Zuziehung der Commissarien den inquisitum zu befragen, was er für besondere Ursachen pro gratia allegiren wolle, welche der Bann-Richter aufzumerken und nebst deme, was selbter ratione anteactae vitae inquisiti oder sonst pro allevianti in Erfahrnuß gebracht, dem Protocollo zu inseriren haben würde, und solchemnach

8o da nemblichen die Defensions-Schrifft vor Schöpfung des Criminal-Urtheils eingereicht, oder die mitigantia von dem Criminal-

Richter in relatione suppliret und alles, was pro gratia dienen kann, angemercket worden, wäre es in ordine quoad interponendum recursum pro gratia etwann keiner besonderen Schrifft vonnöthen, zumahlen schon aus dem obigen ersehen werden könnte, ob der Inquisit einiger Gnad würdig, oder aber nicht würdig seye. In cujus conformitate 9no sothaner Bericht von ihme Bann-Richter an die Königl. Appellation erstattet, und von derselben verläßlich das weithere fürgekehret werden könnte.

III.

Wir Carl der Sechste, von Gottes Gnaden Erwöhlter Römischer Kayser, zu allen Zeiten Mehrer des Reichs, in Germanien, zu Hispanien, Hungarn, Böheimb, Dalmatien, Croatien, Slavonien 2c. König, Ertz-Hertzog zu Oesterreich, Hertzog zu Burgund, Steyer, Kärnthen, Crain und Wirtemberg, Graf zu Habspurg, Flandern, Tyrol, Görtz und Gradisca, 2c. 2c.

Fügen hiemit männiglichen, besonders aber den Land-Gerichtsund Burgfrids-Inhabern in Unserm Hertzogthum Steyer (das Viertl Cilli ausgenommen, als welches mit einem besonderen Bann-Gericht samt Schöpf und Geschir versehen ist) auch allen, die es sonsten noch betreffen mag, Gnädigst zu wissen, wasmassen aus denen eine Zeit hero von ihnen Landgerichten selbst verschiedentlich, sonderbar aber wegen deren grossen, sowohl in hin und-her-Lieferung des Bann-Gerichts, als Abführung deren Processen vorgekommenen Beschwerden, und aus mehr anderen Begebenheiten wahrgenommen, wie nothwendig es seye, daß die Bann-Richter mit einer ordentlichen Vorschrifft ihrer Obligenheit und hingegen auch habenden Befugniß auf die Ordnung und Weise ihres Amts auch übrigen Verhalt und Aufführung von Unserer Landes-fürstlichen Vorsorge instruirt und angewiesen, mithin der bey Einsetzung der Bann-Richter abgeziehlte heylsame End-Zweck desto mehrers befördert werde; und wie daß Wir dahero bewogen worden seyen, um ein und anderes der Gebühr nach vorzusehen, nachfolgende beständige Richt-Schnur sowohl den Bann-Richtern, als Land-Gerichts-Inhabern zur künftigen Observanz deutlich vorzulegen.

Instruction vor die beede Bann-Richtere.

Artic. I.

Zu Abschneidung der seithero geklagten Unkösten und Gerichts-Sportulen haben Wir vorhin Gnädigst resolvirt, daß den von Uns Gnädigst aufgenommenen beiden Bann-Richteren, und zwar dem ersten Doctori Frantz Matthiasen von Utschan vor seinen Jährlichen Gehalt Tausend Gulden, und dem anderen Bann-Richter Doctori Frantz Wolffgang Callin Sieben hundert Gulden zur Jährlichen Besoldung gereicht werden sollen; Wir wollen aber nunmehro, daß auch dem anderen Bann-Richter gegen Niderlegung der demselben seithero nebst diesem Dienst erlaubt-gewesten Advocatur und Agentien, jetzt und künftigen eben auch Tausend Gulden zum jährlichen Gehalt gegeben, dahingegen alle andere Tax, Liefer-Gelder und Sportulen, wie sie Namen haben mögen, von nun an gäntzlich aufgehoben seyn sollen; worunter Wir jedoch die hin- und her-Lieferung des Bann-Gerichts de loco ad locum und tägliche Unterhaltung nicht verstanden haben wollen, allermassen Wir das mehrere bereits unterm Dreyssigsten Octobris 1717 Gnädigst verordnet haben. [1])

Die Aufnehmung und den jährlichen Gehalt beider Bann-Richter mit Abstellung der Sportulen ic. betreffend.

Artic. II.

Überdies wollen und befehlen Wir hiemit Gnädigst, daß erstbemelte beide jetzige sowohl als künftige Bann-

Ihre Pflichts-Ablegung, Wohnung, Modus procedendi, und verbottene

---

[1]) Anfangs waren die Bannrichter, welche ihre Besoldung aus den landes-fürstlichen Kammergütern bezogen (vergl. Steir. Landger. O. vom J. 1574, Thl. II., Art. VI.), karg dotirt und auf Nebengeschäfte angewiesen. Erst mit der oben angeführten kaiserlichen Verordnung vom 30. October 1717 wurden die Gehalte der beiden steiermärkischen Bannrichter, von denen der in Graz 1000 und der zweite 500 Gulden beziehen sollte, regulirt, zugleich aber auch den Landgerichten bedeutet dafür Sorge zu tragen, daß den Bannrichtern und ihren Schreibern „bei Abführung des process in loco ihrer Subsistenz die geziemende Unterhaltung und Kost, wie auch die Zöhrung und Lieferung von Gräz aus usque ad locum arresti des oder deren delinquenten und wieder zurück unweigerlich verschafft werde." (Oberstg. Archiv. Fasc. 9, Nr. 34.)

Neben-Dienst ꝛc. betreffend.

Richter, und zwar der erste mit dem ihm zugegebenen Bann-Gerichts-Schreiber und Scharf-Richter in Unserer Haubt-Stadt Gräz, der andere aber mit dem ihm zugegebenen anderen Bann-Gerichts-Schreiber und Scharf-Richter in Ober-Steyer in Unserer Stadt Leoben wohnen, beide von Unserer J. Oe. Regierungs-Disposition (vor welcher Uns dieselbe die gewöhnliche Pflicht abzulegen haben) in allen und jeden, wie vorhin dependiren, auch promiscue nach derselben Befund, wie zumahlen nach Beschaffenheit der zu processiren kommenden Verbrechen und Umständen auf Anlangen der Land-Gerichte beordert werden. Dahero sollen die Bann-Richter mit ihrer Zugehör jederzeit bereit stehen und zu vollkommener Verrichtung ihres Amts sich aller anderen Privat-Geschäfte, wie solche immer Namen haben können, gänzlich enthalten, noch viel weniger sich mit Bestallungen, Pension, Recompensen, und Geschencknussen, welche ihnen wegen Condemnir- oder Absolvirung, schärfer oder minderer Torquirung des Delinquenten etwa angetragen werden, bey Verlust ihres Dienstes und schwerer Bestrafung verfangen machen, sondern dieses gewissenhafte, einen von allen Neben-Geschäften freyen und rechtschaffenen Mann erforderende Amt ihrer Pflicht und der Gebühr nach, treu, fleissig und gewissenhafft also vertreten, daß sie der Sachen weder zu wenig noch zu viel thun, noch auch sich einer mehreren Schärfe oder Güte anmassen, als die That und derer Umstände, Unsere Land-Gerichts-Ordnung, die peinliche Carolina und Ferdinandea, die diesfalls ergangenen Lands-fürstlichen Resolutiones und von Uns verfaste Pragmatic, und was in Supplementum die gemeinen Rechte an die Hand geben.

Artic. III.

Ihre Dependenz in allen und jeden von Regierung, und daß sie nichts eigenmächtig vornehmen, die abekommende Ordres aber stracks vollziehen.

Sie Bann-Richter sollen sich nicht anmassen, ohne vorhergehender Unserer J. Oe. Regierungs-Verordnung von dem Ort ihrer Wohnung abzureisen, weniger von selbsten oder auf Begehren deren Land-Gerichts-Inhaber einen Process anzustellen, die Delinquenten vel in criminibus majoribus vel in minoribus zu processiren, noch viel weniger abzustrafen, sondern jedesmahl die Verordnung Unserer Regierung erwarten, wann ihnen aber solche zugestellt worden, sollen sie sich ganz nicht verweilen und auf andere Urgirung oder weiteren Befehl zuwarten, sondern alsobald nach Uberkommung des ersten ihre Reise vornehmen, und ihr Officium sogestalt beförderen, damit durch ihr Zuwarten und Verschub die armen Delinquenten in squalore carceris nicht länger aufgehalten, und auch die Land=Gerichts=Inhaber darmit nicht länger belästiget werden, jedoch sollen sie Bann-Richter vor ihrer Abreise allezeit bey Unserem J. Oe. Statthalter und Canzler, in deren Abweesenheit aber bey deren Umts-Verwaltern, und zwar der zu Grätz wohnende persöhnlich, der zu Leoben stehende aber schriftlich sich zu insinuiren und den Ort, wohin sie verreisen, von darum anzuzeigen haben, auf daß man wisse wo sie bey erforderlichen Fall anzutreffen seyen.

Artic. IV.

Wofern es sich aber ereignete, daß sie Bann-Richter entweder Unpäßlichkeit- oder anderer erheblichen Ursachen halber, ihr officium nicht vertreten könnten, soll es in ihrer eigenen Macht nicht stehen einen anderen zu substituiren, sondern werden solches bey Unserer Regierung gehorsambst anzubringen und von da die Verordnung zu gewarten haben.

Sie Bann-Richter haben nicht Macht einen an ihrer Statt zu substituiren.

Artic. V.

Ist es aber, daß sie Bann-Richter sich auf so verstandene Regierungs-Verordnung in ein Land-Gericht verfügen, so sollen sie bey ihrer Ankunft vor allem die carceres persöhnlich in Augenschein nehmen, wie sie beschaffen, und nicht gestatten, daß solche ad excruciandos sed potius ad detinendos inquisitos bestellt seyn sollen, dabey auch beobachten, in was Stand die Delinquenten sich befinden? ob sie genugsam bewahret? ob sie mit der nöthigen Verpfleg- und Alimentirung versehen? ob die Weibs- von denen Manns-Persohnen, wie nicht weniger die Complices und andere Interessirte dergestalt separirt, daß kein Ungebühr,

Was sie bey ihrer Ankunft in einem Land-Gericht alsobald in ein und anderen zu beobachten und vorzunehmen haben.

Unterredung oder Conspiration unterlauffen möge? wie zumahlen, ob solches Land-Gericht mit nothwendig- und tauglichen Gerichts-Dienern und Gefängnissen versehen seye? damit in jählingen Zufällen kein Mangel erscheine, und die bösen Leuth wegen übel bestellten obvermelten Land-Gerichts-Nothwendigkeiten entrinnen? ob solches nicht geschehen? wann, auf was Weiß ıc. und was hierinfalls weiters vor Umstände zu wissen oblieget? Endlichen ob es zur Verwaltung der peynlichen Sachen genugsam verständige Beamte und beynebens ein ordentliches Gerichts-Buch oder Protocoll halte? als hierinnen sie sich zu ersehen haben werden, was für casus vorbey gegangen? wann die Delinquenten und auf was für Indicia sie in Arrest gezogen? wie und ob sie gezimend bestrafet worden seynd? und weilen es sich ereignen kann, daß theils Casus in denen Protocollen nicht eingetragen worden, so sollen sie Bann-Richter bey habend-genugsamer Nachricht hierüber den Land-Gerichts-Diener umständiglich examiniren, juramentaliter abhören, und den Land-Gerichts-Verwalter mit seiner Verantwortung vernehmen, sodann dieses mit anderen erfundenen Mängeln, da sonderlich ersagte Land-Gerichts-Inhaber mit der Inquirir- und Arrestirung deren Delinquenten oft säumig erscheinen und ihnen andurch Zeit sich zu salviren geben, oder da sie die Delinquenten auch wircklich in Verhaft gebracht, entweder die Erhebung des corporis delicti mittels Einnehmung des visi reperti und anderen Umbständen vernachlässigen, oder zu Ersparung der Bann-Gerichts-Unkösten dieselbe mit einer Geld-Straf abfertigen und hierdurch die Verordnung Unsers Bann-Richters strafmässiger Weiß vermeiden, Unserer J. Oe. Regierung, auf daß solche gegen die Land-Gerichts-Innhaber oder Verwalter mit gehöriger Remedur- und gebührenden Einsehen vorgehen möge ohne Anstand schriftlich anzeigen. Dahero sollen alle Land-Gerichts- und privilegirte Burgfrieds-Innhaber (ob einigen schon eigene Bann-Richter zu halten gestattet wird) Unsere Bann-Richter in hoc passu der Inspection nicht als Principales, sondern als delegatos commissarios Unserer Regierung (welcher in Unserem Nahmen obige actus zu besorgen von Ambtswegen oblieget) zu consideriren, mithin ihnen keine Hindernuß in Weg zu legen, sondern vielmehr selbst das Protocoll- und einen ordentlichen Extract aller von jener Zeit an, daß ein Bann-Richter in loco gewest, vorgefallenen Verbrechen und darüber verhängten Strafen einzureichen gehalten seyn, nachdem sie Bann-Richter obiganbefohlene Untersuchung vorgekehrt haben.

Artic. VI.

Sie Bann-Richter werden nicht minder bey ihrer Ankunft in dem Land-Gericht zu erforschen haben, ob der Inhaftirte gesund und im Stand seye processirt zu werden? dann ob auch das delictum, wegen welchen er Bann-Richter den Process zu formiren hat, debito modo exponirt und angebracht, die indicia ad capturam genugsam probirt? das delictum, wann es praescriptibile ist, nicht schon praescribirt worden? oder ob es nicht etwa eines von denen delictis seye, so nicht vor ihn, sondern nach Ausweisung der J. Oe. Land-Gerichts-Ordnung vor Unsere Regierung gehöre? oder welches das crimen laesae Majestatis humanae & divinae, magiae, Land-Verrätherey, das falsche Münzen, der guten Münzen Beschneidung oder Siegel-Nachdruck, auch Vergiftung der Weyd und Brunnen, Land-Mord-Brennerey, assassinium & plagium, wie nicht weniger die Zusamm-Rottirung vieler Leute, crimen haereseos und ein dergleichen publicum nach sich ziehet? In welchen Fällen sie nicht allein ante executionem sententiae, sondern noch ante torturam adhibendam mit Beyschliessung des Processes und ihrer Wohlmeinung, Unserer Regierung Bericht erstatten und hierüber die fernere Verbescheidung erwarten sollen.

Was sie bey der Inquisition, und Machung des Process zu beobachten haben?

Artic. VII.

Zur Beobachtung all-nöthiger Behutsamkeit wollen und befehlen Wir hiemit so Gnädigst als ernstlich, daß Niemand bey hoher Straff von ihnen Bann-Richtern mit peinlicher Frag angegriffen werde, es seye dann vorhero genugsame Anzeigung und Vermuthung von wegen vorgekommener Missethat auf ihn glaubwürdig gemacht.

Was ratione torturae zu besorgen?

Ob aber diese genugsam? auch ob? und auf was Weiß der Bezichtigte gepeiniget werden solle? muß vorhero hierüber mit Zuziehung genugsamer Gerichts-Assessoren, als das delictum erfordert und die Gelegenheit des Orts zulasset, unpartheyisch erkennet und gesprochen, als ohne deren Bey-Urtheil nicht allein keine Tortur vorgekehret, sondern da auch diese mit guter Ordnung vorgenommen wird, die im Land übliche modi torturae gradatim observiret und auf die Complexion des inquisiti attendiret, folglich nach beschaffenen Dingen die Tortura schärfer oder linder vorgekehrt werden solle.

Artic. VIII.

Wie sie sich bey Fällung des Urtheils in vollem Gericht und bey Vollziehung der Execution zu verhalten haben? Die Land-Gerichter sollen sich des juris aggratiandi enthalten.

Dahero sollen ihnen Bann-Richteren von dem Land-Gerichts-Inhaber allwo der Process zu formiren ist, gleich allen Anfangs zwey oder drey verständige Beysitzer, welche solchen beyzuwohnen haben, zugegeben, nachgehends aber zur Fällung des Urtheils und Vollziehung der Execution nach Außweisung Unserer Anno 1678 in Nider-Oesterreich publicirten, wie auch allda im Land Steyer eingeführten Land-Gerichts-Ordnung Art. 41 [2]) noch andere

---

[2]) Der oben citirte Art. 41 der 1678 republicirten neuen peinlichen Landgerichtsordnung Ferdinand III. für Österreich unter der Enns, handelt von der „Besätzung deß unpartheyischen Gedings" und bestimmt Eingangs: „Nach beschehener Bekantnuß mueß man fürderlich zur Schöpfung des Urtl schreiten. Das geschicht nun in den Stätten und Märckten durch Unsere Stätt- und Landtgerichter, auff Art und Weiß wie daß von alters herkommen und in diser Unserer Ordnung von neuem gesetzt ist. Auff dem Landt aber steht dem Landtgerichts-Herrn für sich selbsten oder durch seinen Verwalter bevor, mit zuezichung verständiger Leuth in genueg̃samer Anzahl (deren wenigist Sechs seyn sollen) das Urtl zu verfassen oder aber ein unpartheyisches Geding, wie hernach folgt zu besetzen. Zu deme gehört ain Richter, zwölff Beysitzer und ein Gedingsschreiber, welche alle fromme, ehrbare, verständige und erfahrene Personen seyn sollen, auffs best man dieselbe, jeder Orthen haben und bekommen kan, welche jhnen auch dergleichen grosse Sachen so deß Menschen Ehr, Leib, Leben, Guet und Bluet belangen, mit dapfern, wolbedachten Fleiß angelegen seyn lassen, wie Wir dann zu sicher und besserer Besetzung der unpartheyischen Geding dahin gedacht seynd, auß den Stätt- und Märkten, auch hin und wider auff dem Landt, taugliche

neun oder zehn, und alfo in einer Zahl zwölf, fo gut
folche nach Gelegenheit des Orts und felbiger Gegend zu
überkommen feynd, unweigerlich verfchafft werden; als mit
welchen fie Bann-Richter (wie es bishero im Land Steyer
üblich geweft) das geheime Gericht erfetzen, den armen
Sünder vorführen, ihm durch den Gerichts-Schreiber fein
Verbrechen punctatim deutlich vorlefen, bey befchehender
Ratification widerum hinweg führen, die Gerichts-Stuben
verfperren laffen und hernach denen Beyfitzern mit was
Straf der Thäter nach ihrer Bann-Richterlichen Meinung
zu belegen feye? die Proposition machen, die rationes
& motiva ihres Theils mit Erwäg- und Anführung fowohl der mildernd- als befchwährenden Umbftände klärlich
vorftellen, die peinlichen Rechte, Land- und Hals-Gerichts-
Ordnung locis allegandis vorweifen und ein gleiches fodann
auch in dem offenen unter dem freyen Himmel je und allzeit observirlich-solemnen letzteren Gericht widerhohlen, & his
peractis, ohne daß fich diefelbe unterftehen denen Verurtheilten einige Begnädig- oder Limitirung des Urtheils (maffen
folches Unferer Lands-fürftlichen Hochheit allein zuftändig)
angedeihen zu laffen, das fernere nach gebrochenen Stäbl,
was recht und gebräuchig ift, vollziehen laffen. So follen
fich auch die Land-Gerichte des juris aggratiandi aus erft
befagt- und anderen Haupt-Urfachen weder in majoribus
noch minoribus delictis, fo in pœnam corporis inflictivam
verfällt worden, anmaffen, fondern Uns als Herrn der
Bann und Acht, fich felbft aber als von Uns herrührende
Gewalt-Träger und Administratores betrachten, und fothaner
Anmaffungen fich enthalten.

Artic. IX.

Es follen auch fie Bann-Richter in Abführung eines
Process fo gute Obacht zu tragen haben, daß weder durch
fie noch ihre Subordinirten von dem, was die Delinquenten

Die Verfchwigen-
heit foll von ih-
nen in dem Ambt
genau beobachtet
werden.

Perfonen zu erküfen, welche fich Unfere befreyt oder approbirte Ge-
dings-Richter nennen dörffen und fich auffer der Raiß-Unkoften umb-
fonft gebrauchen laffen, die mögen die Landtgerichter vor andern
hierzue berueffen."

entweder gütlich oder peinlich auffagen, etwas ausgeschwätzt
werde, weil solches den anderen Complicibus, sie mögen
arrestirt oder nicht arrestirt seyn, zu ihrer Unterrichtung
dienen könnte, auch sonst mehr anderer erheblichen Ursachen
halber, an der Verschwiegenheit dieses Amts viel gelegen
ist, dahero dann sie die Thüren fleissig verschliessen lassen
und keineswegs verstatten sollen, daß man den examinibus & torturis sowohl öffentlich als heimblicherweis zuhören könne.

Artic. X.

Was ein Bann-Richter bey vollem Gericht in Casu daß er überstimmet worden, oder paria vota vorhanden seynd ꝛc. zu beobachten habe?

Weil sich auch begeben könnte, daß die zugegebenen
Assessores sie Bann-Richter sowohl in Bey- als End-Urtheilen
in ihrer Meinung überstimmeten, mithin die Majora wider
ihre der Bann-Richter Meinung außfalleten, so wollen Wir,
daß sie Bann-Richter besagte Beysitzer bey etwa ihnen vorkommender Unbilligkeit in denen Votis nach ihren besten Wissen
und Vernunft auf den billigen Weg zu dirigiren befliffen
seyn sollen. Da aber sie Assessores bey ihrer Meinung verharren würden, sollen sie Bann-Richter diesen zweifelhafftigen
casum mit Annectirung beider Meinungen und der Motive Unserer J. Oe. Regierung ad decidendum gutächtlich
zu berichten verbunden seyn; und allenfalls auch ein Unstand
sich ereignete, daß zweyerley Meinungen und paria vota
wären, solle ihnen Bann-Richteren nach jener Meinung von
beiden Theilen, welche ihnen nach denen Criminal-Rechten
billiger zu seyn bedünckete den Ausspruch zu machen bevorstehen; sie sollen aber befliffen seyn, daß das Gericht
mit der vorgeschribenen Anzahl der Assessoren besetzt
seye. ³)

---

³) In der steir. Land- und peinlichen Gerichtsordnung
(Theil II, Art. III), wird dem Bannrichter in zweifelhaften Fällen
nachstehende Weisung ertheilt: „So aber die fürkommen handlung
tunckel vnd zweiflich fürfielen vnd der Panrichter sampt seinen Beysitzern sich keiner gleichen Vrtl vergleichen kundten, so soll gemelter
Panrichter die erkandtnuß auff einen andern tag anstellen vnd mitler
zeit den fahl sampt allen vmbständen vnnd wie all handlung fürkommen, vnserm Landshauptman vnd Vitzdomb Schrifftlich erinnern,
ires auch anderer Rechtverständigen Raths pflegen vnd nachmalen

Artic. XI.

Und gleichwie ein Bann-Richter bey vorkehrender Tortur mit etlichen seinen Assessoren allzeit persöhnlich gegenwärtig seyn soll, und so lang solche wehret sich davon nicht absentiren kann; also soll er auch je- und allezeit bey Exequirung der Todes-Strafen der Execution beywohnen, auf daß er in denen Zufällen, so sich in Vollziehung dergleichen Haubt-Urtlen öffters eraignen, von Ambtswegen die geziemende Vorsehung thun möge, allermassen es sich öffters begibet, daß in ipsa executione die Delinquenten umb ihr Leben zu fristen, entweder ihre vorige Auffag revociren, oder eine fernere Auffag zu thun verlangen, in welchem Fall er Bann-Richter nach Gutbefinden sie zwar gleich zuruck führen und mit seinen Assessoren anhören; da aber keine genugsame Ursach der Revocation beygebracht wird, und wegen der ferneren Bekantnuß die Sach eine weithere Nachforschung erforderte, die auch sonst nach Beschaffenheit des noviter bekennten delicti und dessen Umbstände die Strafe nicht um ein merckliches augirte, deme ungehindert die Execution des gefällten Urthels nach sein und seiner Assessoren Gutbefinden vollziehen lassen.

Der Bann-Richter solle bey der Tortur und Executi-on mit etlichen Assessoren beständig anwesend seyn.

Artic. XII.

Zu deme sollen sie Bann-Richter bey denen ihnen zugeordneten Bann-Gerichts-Schreiberen (als welchen ein besonders Decret wird zugefertiget werden) in allweeg darob seyn, daß selbe ein eingebundenes ordentliches Protocoll führen, worinn alle Gerichtliche Criminal-Process nebst denen Fundamenten & rationibus judicandi, welche sowohl von dem Bann-Richter in seiner Proposition und Vortrag, als von denen Beysitzeren bey Gerichtlicher Umbfrag angeführt worden, sauber und rein eingetragen, und damit nicht etwas zur Gefährde des Inquisiti, oder zu Nachstand der justitiæ vindicativæ addirt, omittirt, oder zweydeutige Wort zu wider deren Deponenten eigentlichen sensum gebraucht werden, wessentwegen sie Bann-Richter solches Protocoll stracks rumi-

Ein Bann-Richter soll auf den Bann-Gerichts-Schreiber in allen dessen Verrichtungen gute Obsicht tragen, auch keinen Bann-Gerichts-Schreiber substituiren.

auff den angestelten tag das Recht widerumb besitzen vnd ergehn lassen, was recht ist."

niren und darauf von Zeit zu Zeit ein obachtsames Aug haben sollen, um hierdurch sowohl die facta desto zuverläßlicher justificiren zu können, als auch die Gelegenheit abzuschneiden, damit das Protocoll nach sein des Bann-Gerichts-Schreibers Belieben nicht corrigirt werde. Darnechst sollen sie auch daran seyn, daß erhohlte Bann-Gerichts-Schreiber all-übrige Acta, so in das Protocoll nicht pflegen eingetragen zu werden, als da seynd die Zuschreiben, die Antworten, beygeschlossene Constituta, Verordnungen, Bericht, und all-übrige Handlungen de processu in processum fascicul-weiß mit der Überschrift, zu welchem Processe selbe gehörig, numeriren und ein besonders Register mit annotirung des Processati Tauf- und Zunahmen, des Jahrs, des geschöpfften Urthels, des delicti und deren complicum ordentlich halten, was aber denen processibus ad regimen datis originaliter beygelegt worden, entweder abschrifftlichen oder doch hievon eine Anmerckung in fasciculo beybehalten.

Wann es sich aber begebete, daß ein Bann-Gerichts-Schreiber auß vorgefallener Unpäßlichkeit oder anderen erheblichen Ursachen nicht abkommen könnte, sollen sie Bann-Richter keines wegs befugt seyn, von selbsten einen anderen (es wäre dann Sach, daß er in würcklicher Processirung begriffen wäre) zu substituiren, sondern einen von Unserer Regierung begehren, doch daß sie auch in jenem Fall, sich um einen tauglichen Mann von der Gegend umsehen.

Artic. XIII.

Die Bann-Richter sollen quatemberlich von ihren abgeführten Processen an Regierung ordentliche Relation erstatten.

Weiters will erforderlich seyn, daß nicht allein die in Unserer Pflicht und Bestallung stehende, sondern auch die jenige Particular-Bann-Richter, so bey einigen Land-Gerichtern auß Unserer Special-Concession gehalten werden, von all-ihren abführenden Criminal-Processen quatemberlich, wann aber nur wenige casus vorgehen, gleich nach der Execution gehorsamst relationiren, und inner dieser Zeit eine verläßliche Specification deren in uno vel alio genere delicti in Erfahrenheit gebrachten complicum, damit man solche in Druck geben, denen gesamten Land-Gerichteren communiciren und solche zum Verhaft bringen lassen möge, mit eigentlicher ihrer Beschreibung Unserer J. Oe. Regierung einreichen; dahero Wir sie Bann-Richter dazu ernstlich verbinden, mit folgender Auflag, daß sie in solcher Relations-Erstattung das corpus delicti, reatum delinquentis cum suis indiciis, speciem criminis, pœnam legis & suam sententiam dictatam uua cum rationibus decidendi einzuführen, Unsere beede Bann-Richter auch beyzurucken gehalten seyn sollen, wie viel Täg sie von einem Land-Gericht zu dem anderen (wo sie ihr officium zu verrichten gehabt) und wider nach Grätz oder Leoben in ihre Wohn-Statt, auf der Reiß, und daselbsten in loco der processirung zugebracht haben? nicht minder die Ursachen, welche etwa den cursum causæ criminalis gehemmet haben, specificiren, und was sonsten hierunter weiters zu berichten nöthig seyn wird bemercken, mit Verfassung dieser Relationen nicht biß zu Verfliessung des Quartals zuwarthen, sondern, damit solches mit frischer Gedächtnuß geschehe, nach jedem vollendeten Process auch stracks die Relation verfassen und sich dießfalls in solcher Bereitschafft halten, auf jedmahliges Begehren dieselbe stante pede hergeben und einreichen zu können. Es sollen auch diese Relationen nicht nur auf die zur Verfällung des Processirten außgeschlagene, sondern auch auf jene sich mit dessen Loßsprechung geendigte Processe zu verstehen seyn.

Artic. XIV.

Und weilen von denen Grund-Obrigkeiten zu verschiedenen Zeiten Klagen vorgekommen seynd, daß Unsere Landsfürstliche Bann-Richter, als sie in Abführung deren Processen begriffen waren, nur gleich via facti mit Violirung ihrer Grund-Obrigkeiten-Jurisdiction und des befreyten Tach-Tröpff eingegriffen, und dero Unterthanen und Untersassen entweder immediatè citirt, oder wohl gar aufheben und in gefänglichen Verhaft haben bringen lassen; wann Wir aber auch hierinfalls nicht wollen, daß die Maaß überschritten werde, als wird ihnen Bann-Richtern hiemit geboten, daß sie fürdershingegen jene Grund-Obrigkeiten (ausser wo ein Bann-Richter in Abführung des Processes stehet und allwo die Gefahr eines in die Flucht sich bege-

Was bey Ergreiffung deren Complicum & indiciatorum ratione der Grund-Obrigkeitlichen Gerechtsame zu beobachten.

benden complicis receptatoris, rerum distrahendarum furto ablatarum & similium, oder sonst ein anderes periculum in mora subversiret) deren ordentlichen Zuschreiben, jedoch ohne weiterer Beyschliessung deren Indicien, sondern allein mit Andeutung des generis delicti sich gebrauchen sollen. Wurde ihrem Bann-Richterlichen Erstem Zuschreiben aber der schuldige Vollzug nicht geleistet, sollen sie das andere Schreiben mit Beyschliessung des ihnen Bann-Richtern gewöhnlicher massen mitgebenden Patents, vermög welchen alle Grund-Obrigkeiten, Burg-fried und Land-Gerichter ihnen die schuldige Assistenz und Parition zu leisten haben, ablauffen lassen, und wann dem noch nicht nachgelebt wird, soll ihnen gleichwohlen bevorstehen, selbe Person, oder wann es auch mehr seynd die sie entweder gestellt oder arrestirt zu haben verlangen, durch Assistenz des Land-Gerichts, wo sie in der Processirung begriffen und wo sich solche aufhalten thun, mit Gewalt gantz unverschont ergreiffen und einbringen zu können, mit Vorbehalt der Strafe, so Unsere Regierung denjenigen Grund-Obrigkeiten nach beschaffenen Dingen zu dictiren hat, welche in der Stellung vor die Justiz selbiger begehrten Personen moros oder gar renitent geweßt seynd.

Artic. XV.

Die gestohlenen Sachen sollen ihren Herrn ohne unbefugten Abzug zuruck gestellet werden.

Ferners sollen sie Bann-Richter in allweeg darob seyn, daß das gestohlene Gut, wann es zu Handen gebracht wird, jedesmahl seinem Herrn integraliter restituirt und hievon auf keine Weiß einiger Unkosten, wie es bißhero bey ein- und anderen Land-Gerichtern mißbräuchig eingeschlichen ist (ausser des gewöhnlichen Fürfangs und der unvermeydentlichen Unköften, so zu Herbeybringung deren abgeraubten Effecten angewendet werden müssen) abgezogen werde, sondern sich das Land-Gericht gleichwohl bey andern des Delinquenten Hab und Gut regressiren mag.

Artic. XVI.

Ein Kläger oder Denunciant, wann er fundiret, soll zur Abzung deß

Zumahlen auch sich öfters ereignet, daß man den Ankläger oder Denuncianten, da sonderlich der Regress bey dem beklagten Delinquenten nicht zu erholen wäre, in die Atzung und Land-Gerichts-Unkösten, ungeacht der an die Hand gegebenen sufficienten Indicien ad inquirendum vel ad incarcerandum, widerrechtlich condemniret hat; als sollen sie Bann-Richter nicht allein bey denen Land-Gerichten darob seyn, sondern auch selbst denen Rechten gemäß geziemend beobachten, daß hinführo keinem Kläger oder Denuncianten (er wäre dan falsus vel iniquus denuncians rechtlich befunden worden) solche Zumuthung beschehen, mithin wo sufficientia indicia ad inquirendum vel ad capturam verhanden gewesen, der Kläger oder Denunciant zur Bonification der Atzung und Unkösten unbilliger Dingen nicht verhalten werden solle.

Inquisiti und Unkösten nicht zu gleichen seyn.

Artic. XVII.

Nicht weniger hat die Erfahrung gegeben, daß die bishero gewöhnlich-gewesten Gerichts-Mahl-Zeiten denen Land-Gerichten zu beschwärlich fallen; wie auch daß die von verschidenen Bann-Richtern und Bann-Gerichts-Schreibern ersagten Land-Gerichten angeschlagenen Gerichts-Sportulen und Taxen zu nicht geringer Verläng- und Verzögerung deren Criminal-Processen, folgsam auch zur Beschwerde derenselben und Erstreckung deß squaloris carceris deren incarceratorum gereichen. Wann nun aber auch hierinfalls nicht zu excediren ist, als wollen Wir, daß so viel die Mahl-Zeiten betrifft, selbe zu Erspahrung deren dem Land-Gericht zuekommenden Unkösten dahin moderiret werden, daß doch gleichwohlen ihnen Bann-Richtern und Bann-Gerichts-Schreibern (wann selbe sich nicht etwa mit dem Land-Gericht wegen der Kost besonders verstanden haben) samt denen Gerichts-Beysitzern die gebührende Verpflegung, als an sonst sich keiner gebrauchen würde lassen, vor die Zeit ihres nöthigen alldort seyn, gereicht werde. Hingegen aber was die Sportulen und Taxen anbelanget, da sollen solche in Ansehen deß ihnen beeden Bann-Richtern außgeworffenen zulänglichen Gehalts nach Inhalt des Art. 1. dieser Unserer Instruction völlig abgethan und absolute aufgehoben seyn.

Die Gerichts-Mahlzeiten oder Unterhalt deß Bann-Gerichts und Assessorats, hingegen Abthuung der Taxen ic. betreffend.

Artic. XVIII.

Wie das Bann-Gericht auf der Reise zu sosiren, und in loco Processus zu logiren und zu unterhalten seye.

Damit aber doch gleichwohlen die Process nicht übereilet, sondern nach guter Ordnung bestens befördert und außgemacht werden, so solle ihnen Bann-Richtern samt ihren zugegebenen Bann-Gerichts-Schreibern bey Abführung deß Process in loco ihrer Subsistenz nebst der von Uns ihnen in vorgehenden Artic. XVII. zuerkannten Kost und Unterhaltung, auch die geziemende Wohnung, wie nicht weniger die Zehr- und Lieferung von Grätz und respectivè Leoben auß, usque ad locum arresti deß oder deren Delinquenten, und sodann widerumen zurück, weilen solche die mehriste Land-Gerichter selbst veranstalten und geben können, unweigerlich verschaffet werden, oder daß dessentwegen die Land-Gerichts-Inhaber zu Folge Unserer gnädigsten Verordnung vom 30. Octobris 1717 nach ihren Belieben mit ihnen Bann-Richtern und Bann-Gerichts-Schreibern deß Liefer-Gelds halber an der Reise, wie auch in loco des abführenden Process nach Gelegenheit deß Orts und deren Umbständen der Verpflegung halber einen Accord treffen.

Artic. XIX.

Wann in einer Reise in mehreren Land-Gerichtern delinquenten vorhanden, und das Bann-Gericht de loco in locum continuatim zur processirung rayset, was deren Unkösten halber, nach Geometrischer Proportion zu beobachten seye.

Obwohlen nun zuweilen in einer Reise mehrere Process in verschiedenen Land-Gerichtern abzuführen vorfallen, so solle doch die Lieferung nicht doppelt, sondern nur einfach, nemlich von Grätz und respectivè Leoben auß, biß auf das erste Land-Gericht, wo die Bann-Richter ihr Officium der Regierungs-Verordnung gemäß zu verrichten haben, und von dannen zu dem anderen, wo gleichfalls solche maleficanten inliegen, die zu processiren seynd, und also von letzten Land Gericht bis widerumen zurück nacher Grätz oder Leoben, jedem von seinem Theil Wegs und nicht mehres zuegerechnet, noch von ihnen Land-Gerichteren mehrers bezahlt, sondern alles der Billichkeit nach mit wohl proportionirter Abmaß und Moderation beeder seithes gerichtet, und auch die Tag-Reisen nach Anleitung der Umbständen mit aller discretion abgemessen und verrichtet werden.

Artic. XX.

Dabey wollen Wir aber auch ernstlichen geboten haben, daß sich die Land-Gerichts-Inhaber und deren Verwalter gegen Ihnen Bann-Richtern und Bann-Gerichts-Schreibern bescheiden aufführen, sie in ihren Bann-Richterlichen Verrichtungen keines Wegs übertreiben, noch sich gegen ihnen bey etwa auß genugsamer Ursach vornehmender Suspendir- oder Dilatirung deß Processes, sonderlich in delictis arduis, als welche eine mehrere Nachforschung oder höhere Anfrag erforderen, dergestalt widersetzen sollen, daß sie ihnen die Subsistenz verweigeren, massen sonst und im widrigen, wann sie Bann=Richter hierdurch in Formirung deß Processes gehemmet seyn sollten, der Land-Gerichts-Inhaber die Verantwortung auf sich laden würde, und soll der Bann-Richter schuldig seyn, diese Ungebühr, damit man mit dem gebührenden Einsehen vorzugehen wisse, Unserer Regierung gehorsambst anzuzeigen.

Die Bann-Richter sollen von denen Land-Gerichts-Inhabern und Derwaltern bescheydentlich tractiret werden, und Ihr Ambt wohl verrichten.

Artic. XXI.

Da hingegen sollen sie Bann-Richter sich an Ort und Ende, wohin sie berufen werden, mit ihren zugeordneten Bann-Gerichts-Schreibern zu folge deß Artic. III. auf das schleunigste befördern, und hierinfalls alle Aufzüg und unnothwendige Verlängerungen unterlassen; wie nicht weniger in Abführung Ihrer Processen zur Beschwärde deren Land-Gerichtern keine unnothwendige protractiones und suspensiones machen, weder sonsten sich unanständig aufführen, noch einige Excess verüben, als im widrigen sie über einlangende gründliche Klagen zu behöriger Verantwortung gezogen und nach befund entweder mit der gebührenden Bestraffung wider sie verfahren, oder aber respectu deren in Abführung deren Processen verursachten Protractionen auf Ubersehung ihrer zu ediren schuldigen Protocollen nach Richterlichem Ermessen zu Ersetzung deren verursachten Unkosten angehalten werden sollen.

Hingegen sollen die Bann-Richter keine unnöthige protractiones und Unkösten machen, noch sich sonst ungebührlich aufführen.

Artic. XXII.

Endlichen, gleichwie Wir denen Bann-Richtern ein bescheidenes Tractament widerfahren zu lassen geboten, also

Die Bann-Richter sollen auch mit ihrer Zugehör gegen die Land-Ge-

richts-Inhaber ꝛc. gebührenden respect brauchen, keine Neuerung begehren, noch anderen Excess begehen, auch denen Freymännern keinen Muthwillen gestatten.

sollen im Gegensatz sie Bann-Richter umb so viel mehrers ihre Zugeordneten, so oft sie von mehr-gedacht-Unserer Regierung auf gebührendes Anlangen deren Land-Gerichtern wider die Malefiz-Persohnen Bann-Richterlich zu verfahren abgeordnet und außgeschicket werden, gegen denen Land-Gerichts-Inhaberen, insonderheit aber gegen denen Herren und Land-Leuthen sich gleichergestalten deß gebührenden Respects und Ehrerbietigkeit gebrauchen, und sowohl für sich selbst als für gemelt- ihre Zugeordnete mit der altgebräuchigen Logir- und Unterhaltung nach Condition, Gelegen- und Beschaffenheit eines jeden Land-Gerichts sich befriedigen lassen, mithin sich aller ungebührenden Fürschreibung und anmassenden Neuerungen enthalten; wie nicht weniger auch ernstlich daran und darob seyn, damit denen Frey-Männern alle und jede durch selbe etwa verübende Excesse, Muthwillen und alle anderen Unbefugnisse, sonderbahr aber alle denen Herren und Land-Leuten thuende Verschimpffungen ernstlich eingestellet und verhütet, als im widrigen bey verspührender Übertretung die Freyleuthe ernstlich abgestraft, oder sonsten ein anders scharfes ihnen zur Correction und Besserung dienliches Einsehen vor die Hand genommen, und da sie Freyleute hierüber noch fernere Insolentien verüben und einem oder dem anderen Land-Gericht weitere Verschimpfung anfügen würden, dieselben sodann von ihren Dienst verstossen und von dannen abgeschafft werden sollen.

Artic. XXIII.

Was der erste Bann-Richter über seinen untergebenen Freymann für Gewalt und zu beobachten habe?

Der erste Bann-Richter solle den ersten Freymann, wann künfftighin einer von neuem aufgenommen wird, in die Pflicht nehmen, ihme in seiner Gegenwart durch den ihme beygeordneten Bann-Gerichts-Schreiber die Ayds-Notl vorhalten und solche abschwören, sodann es in das Bann-Gerichts-Protocoll eintragen lassen und Unserer Regierung gehorsamst hinterbringen; gedachter Freymann soll ihm Bann-Richter althergebrachter massen untergeben seyn und hat er Bann-Richter demselben auf vorbringende Klag summariter Recht zu ertheilen, wie auch sonsten auf sein

thun und laſſen, ſonderbahr daß er oder ſeine mithabende
Leute ohne deß Bann-Richters Vorwiſſen nicht gleich zu
den Delinquenten gelaſſen werden, und ſich dieſelben aller
böſen Aberglauben und Künſten, als denen ſie oft gern
ergeben ſeynd und anderen Leuten Rath zu ertheilen pfle=
gen, auf alle Weiß enthalten, ein wachtſames Aug in=
ſonderheit aber dahin gute Obacht zu haben, daß ſie frey=
leuthe bey Vorkehrung der Tortur der rechten Maaß nach
Beſchaffenheit deren Deliquenten ſich dergeſtalt gebrauchen,
damit weder ein Excess noch Deffect, mithin zum Abbruch
der Justiz kein Unfug unterlaufe, ſondern es ſoll der
Bann-Richter beſagten freymann zu der etwa erforderlichen
Tortur und führenden Execution etc. mit guter Maaß und
Verſtand gebrauchen und deſſentwegen mit demſelben nö=
thige Einverſtändnis pflegen. Ubrigens hat es respectu
ſein, des freymanns Lieferung, Koſt, Zehrung und Ver=
richtungs-Taxen in all- und jedem bey der bißherigen Ord=
nung und Observanz ſein gänzliches Verbleiben. Wobey
Wir jedoch beſonders gnädigſt haben wollen, daß ſie Bann=
Richter nicht bey jedmahliger Abreyß den freymann zur
Beſchwerde der Land-Gerichte mitnehmen, ſondern nach
angefangenem Processe und darauf erfundener ſeiner Noth=
wendigkeit ihn freymann ſodann erſt ad locum processus
kommen laſſen ſollen.

Artic. XXIV.

Gleicher Geſtalten ſoll das, was der vorhergehende
Artic. XXIII. wegen deß erſten zu Grätz wohnenden Bann=
Richters respectu ſeines untergebenen freymanns in ein
und anderem enthaltet, auch durchaus von dem anderen,
zu Leoben wohnen ſollenden Bann-Richter ratione deß ihm
untergebenen anderen freymanns verſtanden ſeyn und be=
obachtet werden.

Was der anderte Bann-Richter über ſeinen unter-gebenen freymann für Gewalt und zu beobachten habe?

Artic. XXV.

Letztlichen, damit dieſe Instruction in gute Obacht
gezogen und in der Gedächtnus erhalten werde, ſollen ſie
Bann-Richter ſolche öfters in der Zeit bedachtſam leſen,

Schläßliche Er-mahn- und Ver-bindung der Bann-Richter zu pflicht-

mäßiger Verrichtung ihres Umbts.

und was dieser abgehet, sich der peinlichen Land-Gerichts-Ordnung in Steyer, in so weit solche üblich ist und durch unsere allergnädigste Resolutionen in ein und anderem nicht gebunden worden, darnächst auch der Carolinisch- und Ferdinandeischen Hals-Gerichts-Ordnung, et in subsidium der geschriebenen gemeinen Rechten, wie in Artic. II. vorläuffig schon erwähnet worden, wohl bedächtlich und mit gutem Grund betragen, in wichtigen und dubiosen casibus aber sich bey unserer J. Oe. Regierung anfragen und die Verbescheidung, wie sie sich zu verhalten haben, erwarten, allermassen Wir dieselben hiemit nochmahlen alles Ernstes ermahnet und ihnen fest eingebunden haben wollen, daß sie sich dieses so gewissenhafft- als hochwichtige, von dem theuren Menschen-Blut, Ehr und Gut handlende Bann-Richterliche Amt, pflichtgemäß und so gestalt angelegen seyn lassen sollen, als sie solches Uns vor Unserer Regierung mit einem körperlichen Jurament geschworen haben und es hier vor Uns, auch dorten vor GOTT dem allerhöchsten Richter einsmahls werden verantworten können.

Instruction
für die beede Bann-Gerichts-Schreiber.

Gleichwie Wir nun Unseren zu Beförderung der Justiz und Säuberung des Lands von lasterhaft- bös- und gefährlichen Leuthen hierzu eigens bestellten, und von Unserer J. Oe. Regierung in Unsere Pflicht aufgenommenen Landsfürstlichen Bann-Richtern ihren Verhalt ordentlich fürgeschrieben und alles Ernstes eingebunden haben; also wollen Wir demenach auch Unsere beede ihnen Bann-Richtern zugeordnete Bann-Gerichts-Schreiber zu besserer Verläßigkeit als bißhero beschehen, und daß sie sich ihres Verhaltens und Obliegenheit, auch habenden Interteniments und Befugnis halber in denen Schranken halten, nicht minder sich mit Fundament und Sicherheit aufzuführen wissen, mit einer ordentlichen auf dem umbständlichen Enthalt Unserer gnädigst erlassenen Resolution vom dreyßigsten Octobris

Anno Siebenzehen Hundert Siebenzehen und was noch weiters nach Unserer Intention und Nothdurft beyzurücken befunden worden, eingerichteten Instruction folgenden Inhalts gnädigst versehen.

Artic. I.

Vor allen sollen sie Bann-Gerichts-Schreiber, nachdem sie von Uns zu diesem Dienst gnädigst an- und aufgenommen worden, das Jurament Uns alt-gewöhnlicher massen zu Handen Unsers Lands-Vicedoms in Steyer ablegen und sodann in ihren Amts-Verrichtungen sich so gestalt aufführen, daß sie ihrer abgelegten Pflicht bey Verlust ihres Diensts und nach gestalten Dingen auch anderer Bestrafung nicht contraveniren.

Der Bann-Gerichts-Schreiber Aufnahme und Ablegung ihrer Pflicht.

Artic. II.

Unseren Lands-fürstlichen Bann-Richtern, denen sie zugegeben werden, sollen sie gebührenden Respect erweisen, jene aber auch sie Bann-Gerichts-Schreiber so in- als ausser Gericht mit Discretion tractiren, folgsam dieselben als in Unserer Pflicht wie sie Bann-Richter stehende Beamte, nicht schlechter als die in den Land-Gerichten zuziehenden Land-Gerichts-Verwalter und Gerichts-Assessores halten. Sie Bann-Gerichts-Schreiber werden die von Unserer J. Oe. Regierung den Bann-Richtern ertheilenden Befehle durch selbe erwarten, diesen allen Gehorsam leisten und sich für ordinari einer zu Grätz, der andere zu Leoben, allwo die Bann-Richter ihre Wohnungen haben sollen, aufhalten, zu verschiedenen Mahlen sich vor den Bann-Richtern sehen lassen und was sich in Dienst-Verrichtungen ergibet, anfragen. Wollte aber einer in seinen eigenen Geschäfften auf einige Tage abwesend seyn, soll er sich erstlich bey dem Bann-Richter, und in Verweigerungs-fall bey Unserem J. Oe. Stadthalter und Canzler, da es sonderlich um eine mehrere Zeit zu thun wäre, der Licenz halber anmelden.

Deren Subordination und Respect gegen die Bann-Richter und deren selben tractament gegen jene, auch Wohnung betreffend.

Artic. III.

Die Bann-Gerichts-Schreiber sollen keinen neben-Dienst oder privat-Geschäfften haben.

Hauptsächlich wird ihnen Bann-Gerichts-Schreibern eingebunden, daß sie ohne Unserer außdrücklichen Dispensation neben ihren Dienst-Verrichtungen keine andere negotia, Neben-Dienst oder Profession, als wordurch sie dem von Uns ihnen anvertrauten officio einen mercklichen Abbruch thäten, und hierdurch viel verabsäumten, auf sich nehmen und denenselben zu Præjudiz Unserer Dienste obliegen.

Artic. IV.

Die Bann-Gerichts-Schreiber sollen ein eingebundenes Protocoll führen: und was sie dahin einzutragen haben.

Sie sollen auch gehalten seyn, ein ordentliches eingebundenes Protocoll zu halten, worein sie alle gerichtlichen Criminal-Processe, die nomina der inquisitorum, der angeführten Gezeugen, die ihnen formirenden Interrogatorien und hierüber erfolgenden Aussagen, cum terminis formalibus, nebst denen Fundamenten et rationibus judicandi, welche sowohl von den Bann-Richtern in ihrer Proposition und Vortrag, als von den Beysitzern bey gerichtlicher Umfrage angeführet worden, genau und gewissenhafft eintragen und nichts anders darneben einmischen, noch das protocolirte ohne Vorwissen der Bann-Richter, damit das Protocoll allzeit rein erhalten werde, corrigiren, radiren noch cancelliren, viel weniger den Partheyen, Land-Gerichts-Inhabern oder Verwaltern, ohne der Bann-Richter Vorwissen Protocolls-Extracte erfolgen lassen.

Artic. V.

Die Verschwiegenheit sollen die Bann-Gerichts-Schreiber genau beobachten.

Die Verschwiegenheit des Bann-Gerichts sollen sie als einen wichtigen Punct ihrer Pflicht beobachten, mithin die Amts-Geschäffte zu jeder Zeit in Geheimen erhalten, einfolglich von dem was in solchen Gericht vorgekommen und abgehandlet worden ist, nichts offenbaren, sondern sich gegen mäniglichen derentwegen behutsam verhalten.

Artic. VI.

Keine Correspondenz mit denen Land-Gerichteren, oder Partheyen in

Noch weniger sollen sie Bann-Gerichts-Schreiber sich unterstehen, mit denen Land-Gerichts-Verwalteren oder

Partheyen in geheimer Correspondenz zu stehen, sich von denselben etwa suborniren zu lassen, und Mittel und Wege an die Hand zu geben, entweder die Delinquenten von der rechtlichen Straf zu entziehen, das ungerechte und strafmäßige vertuschen zu helfen, oder ersagte Delinquenten auch gar zu salviren.

Geheim pflegen, weder denen Delinquenten verbottene Hülff leisten.

Artic. VII.

Die Bann-Gerichts-Schreiber sollen auch all' übrige Acta, so in das Protocoll nicht pflegen eingetragen zu werden, als da seynd die Zuschreiben, die Antworten, beygeschlossene Constituta, Verordnungen, Berichte und all-übrige Handlungen, de processu in processum Fasciculweiß mit der Überschrift, zu welchen Process selbe gehörig, numeriren und ein besonderes Register mit Annotirung des processati Tauf- und Zunamen, des Jahrs, des geschöpfften Urthels, des delicti und der complicum ordentlich halten, was aber den processibus ad regimen datis originaliter beygeleget worden, entweder abschrifftlich, oder doch davon eine Anmerckung in Fasciculo beybehalten; und weil die Richtigkeit des Protocolls und Registers dem Ambt so nöthig als löblich ist, als wollen Wir zu desto sicherer derer Emporbring- und Erhaltung gleich wie im übrigen also auch hierinfalls das Auffsehen Unseren Bann-Richtern hiemit aufgetragen haben.

Sie sollen die Bann-Gerichts-Acta in ordentlichen fascienlis registrirter erhalten.

Artic. VIII.

Es wird ferners erforderet, daß, weil Unsere Bann-Richter allein und vor allzeit selbsten nicht wohl gefolgen, und auf all- und jedes, was sich bey Abführung deren Criminal-Processen ergibet, nicht genug sehen mögen, sie zugeordnete Bann-Gerichts-Schreiber förderst in examine auf der inquisitorum Mienen und Veränderung des Angesichts, sonderlich in ipsa tortura, gute Obacht tragen helfen, die Bann-Richter dessen advertiren und solches fleissig ad protocollum nehmen sollen.

Bey denen Examinibus und torturen sollen sie zu Behuf der Bann-Richter auf die inquisitos und deren Mienen fleissig Obacht tragen helffen.

Artic. IX.

Nach der Execution muß ein Bann-Gerichts-Schreiber dem Volk die Exhortation machen.

Weil bißhero auf den Land-Gerichten gewöhnlich gewesen, daß der Bann-Gerichts-Schreiber bey jeder Execution, so die Todes-Strafe nach sich gezogen hat, dem anwesigen Volk um dasselbe von denen Missethaten abzumahnen eine kleine Exhortation gemacht; als sollen sie hiemit noch fürdershin (es wäre dan Sach, daß es die beystehenden Geistlichen auf sich nehmen wollten) continuiren.

Artic. X.

Was wegen deren Gerichts-Mahlzeiten, sambt auf gehobenen Sportulen und Taxen vor die Bann-Richter geordnet worden, trifft auch die Gerichts-Schreiber an.

All' jenes, was Wir wegen deren bißhero gewesten Gerichts-Mahlzeiten und denen Land-Gerichteren angeschlagenen Gerichts-Sportulen und Taxen in dem XVII. Artic. der Bann-Richterlichen Instruction mit deutlicher Anmerkung deren Beweg-Ursachen respectu deren Bann-Richteren gnädigist geordnet, abgestellt und moderiret haben, das soll auch auf die beeden Bann-Gerichts-Schreiber seinen gäntzlichen Verstand respective haben.

Artic. XI.

Die Salarirung der Bann-Gerichts-Schreiber betreffend.

Ihnen Bann-Gerichts-Schreibern sollen anstatt ihres vorhin mit vier und respective zwey hundert Gulden angesetzt gewesten jährlichen Sold und Gehalt, nunmehro dem ersten und dem anderen jedem vier hundert Gulden gereichet werden, weilen Wir den anderen Bann-Gerichts-Schreiber, gleichwie dem anderen Bann-Richter seinen Gehalt zulänglich geben wollen, damit sie hingegen von allen Neben-Diensten vorgedachter massen sich absolute enthalten, diesem ihrem officio getreulich abwarten und zu Leoben wohnen sollen.

Artic. XII.

Der Bann-Gerichts-Schreiber Deposirung auf der Reyß, und Unterhalt in loco Processus hat mit denen Bann-Richterlichen gleiche Beschaffenheit.

Jedoch solle ihnen Bann-Gerichts-Schreibern gleichwie denen Bann-Richteren bey Abführung des Processes in loco ihrer Subsistenz die gezimmende Wohnung und Kost, wie auch die Zehr- und Lieferung von Grätz und Leobenaus usque ad locum arresti des oder deren Delinquenten, und sodann wiederum zurück, weil solche die meisten Land-Gerichte selbst veranstalten und geben können, unweigerlich verschaffet werden, oder dessentwegen die Land-Gerichts-Inhaber nach ihrem Belieben und Gelegenheit deren Umständen mit ihnen Bann-Gerichts-Schreibern wie mit denen Bann-Richtern des Liefer-Gelds halber an der Reise, wie auch in loco des abführenden Processes nach Beschaffenheit deß Orts der Verpflegung halber einen Accord treffen.

Artic. XIII.

So wird auch mit ihnen Bann-Gerichs-Schreibern zu beobachten seyn, was in jenem Fall, wann in einer Reyß mehrere Processe in verschiedenen Land-Gerichten abzuführen vorkommeten, der Lieferung halber, damit selbe nicht doppelt sondern nur einfach geschehe, wie in der Bann-richterlichen Instruction Artic. XIX. deutlich verordnet worden ist. Da aber der Bann-Richter und Bann-Gerichts-Schreiber sich mit dem Land-Gericht jeder für seinen Theil, der Lieferung und der Kost halber in Geld verglichen, mögen sie auch unter einander die Reise nach Belieben veranstalten, jedoch daß die Bann-Gerichts-Schreiber mit denen Bann-Richtern zu gleicher Zeit gehörigen Orts eintreffen.

Wan mehrere Process auf einer Reise an verschiedenen Orthen abgeführet werden, hat sich der Bann-Gerichts-Schreiber dessen zu betragen, was dem l'ann-Richter geschiehet.

Artic. XIV.

Deßgleichen sollen auch die Land-Gerichts-Inhaber und deren Verwalter sich gegen Unsere Bann-Richter und Bann-Gerichts-Schreiber aller Bescheidenheit gebrauchen, dieselben in ihren Verrichtungen nicht übertreiben, noch weniger hinderlich seyn, sondern dieselben jedesmahl mit geziemender Logirung und Unterhaltung versehen; wohingegen, gleichwie die Bann-Richter, also auch sie Bann-Gerichts-Schreiber, ersagten Land-Gerichts-Inhabern und Verwaltern mit gleicher Bescheidenheit begegnen, solche in ihren Begehren nicht zu hoch treiben, weniger Excess verüben, als im widrigen sie zu behöriger Verantwortung und nach Befund der Sachen zu billiger Bestrafung gezogen werden sollen.

Die Land-Gerichts Inhaber sollen gegen die Bann-Richter und Bann-Gerichts-Schreiber Bescheydenheit: dise aber auch in gleichem gegen jene gebührenten respect brauchen.

Artic. XV.

Ermahnung der Bann-Gerichts-Schreiber zu fleissig- und treulicher Verrichtung dieses Ambts.

Letzlichen werden auch sie Bann-Gerichts-Schreiber hiemit ernstlich ermahnet, daß sie ihnen all-obiges bestens angelegen seyn lassen, sich ihres abgeschwornen Juraments allzeit erinneren, diese Unsere Instruction in frischer Gedächtnus erhalten und derselben, wie auch all-deme was ihnen durch Unsere J. Oe. Regierung weiters anbefohlen wird, allerunterthänigst und treulich nachleben sollen. Denn hieran geschiehet Unser gnädigster Will und Mainung. Geben auf Unserem Schloß zu Laxenburg den Zwey und Zwaintzigsten Monaths-Tag May im Siebenzehen Hundert Sechs und Zwaintzigsten, Unserer Reiche des Römischen im Fünfzehenden, Deren Hispanischen im Drey und Zwaingtzigsten, Deren Hungarisch- und Böheimischen aber im Sechszehenden Jahre.

IV.

Hofrescript ddto. Wien, 16. April 1728. (An die königliche Appellationskammer in Prag.)

Carl etc. Liebe Getreue. Wir haben Uns Eueren unterm 10. Octobris des abgewichenen 1726. Jahrs fernerweithig in causa mehrer Restringirung der noch immer häuffig einkommenden recursuum pro gratia erstatteten allerunterthänigsten Bericht umständlich vortragen laſſen und daraus mit mehrern vernommen, was Ihr Uns auf Unsern gnädigsten Befehl in hac materia, und in specie respectu der am meisten in schwung gehenden drey delictorum: fractæ juratæ urphedæ, furti et carnis, wie nemlich eine von Uns allergnädigst resolvirt werden mögende General-Begnadigungs-Erklärung in diesen dreyen delictis samt dem genere pœnæ bey der widerfahrenden Gnad nach Beschaffenheit der Umstände einzurichten, auch wie es mit dem dießfälligen modo expediendi bey Euch zu halten wäre, gehorsamst gutachtlich eingerathen habet.

Zumalen Wir nun hiebey gnädigst befunden haben, daß die Abschneidung dieser vielfältigen Aggratiations-Ansuchungen, so in besagten drey frequentioribus delictis bishero vorzukommen gepflogen, dem Publico nicht nur in Beschleunigung der Justiz, sondern auch in Ersparung der sonst Zeit wehrenden recursus, aufgehenden gröſſern Criminal-Unkosten und sonst in andere Wege sehr ersprießlich seyn werde;

Als haben Wir Uns allergnädigst entschlossen, Euch (insolang, als das super admissione vel denegatione recursuum pro gratia respectu gewisser criminum unterm 8. Martii A. 1725 auf drey Jahr Euch bereits eingeräumte arbitrium dauert) gleichfalls die Macht und Gewalt (wie es hiemit geschiehet) zu ertheilen, auf daß Ihr nemlich in mehr erwähnten dreyen delictis: fractæ juratæ urphedæ, furti et carnis Unsere hiernach folgende General-Begnadigung den dießfälligen pro gratia sich meldenden Delinquenten anzudeuten und zu erklären befugt seyn sollet, und zwar dergestalten, daß Ihr vorläufig

Primo bey andictiren wollend Relegations-Straff allzeit hauptsächlich dahin sehen sollet, damit Unsere occasione des von Uns den in Unseren Königl. Böheimischen Erblanden befindlichen Hals-Gerichten eingeräumten juris relegandi ex tota Provincia unterm 4. decembris Anno 1725 emanirte General-Verfassung genau beobachtet, mithin allein wider die einheimischen Delinquenten mit der Ruderbank-Arbeit, hingegen allein wider die fremden vacabundos mit der Auspeitsch- und Landes-Verweisung verfahren werde; als bey welcher Unserer Verordnung Wir es nochmalens bewenden lassen und Euch dessen genaue Beobachtung hiemit einbinden. Mithin wird

Secundo, respectu aller dieser drey delictorum auch quoad gradus dieser General-Begnadigung zwischen den einheimischen Delinquenten und fremden vagabundis nach Anleitung gleich angezogener Unserer allergnädigsten Resolution ein Unterschied jedesmal zu machen seyn. Und weilen nun solcher gestalten

Tertio, so viel es das crimen fractæ juratæ urphedæ anbetrifft, sich von selbsten ergiebet, daß die Einheimischen, die nimmer zu relegiren seynd, quoad futurum nicht werden eydbrüchig werden; so wollen Wir es doch respectu præteriti folgender massen gehalten haben: daß, wenn ein ex capite prima vice fractæ juratæ urphedæ condemnirter einheimischer Delinquent sich zu dem Gnaden-Weg wendete, demselben in jenen Fällen, wo Ihr vorhin Uns ad gratiam einzurathen, und Wir auf solches Euer Einrathen die gebetene Gnad zu ertheilen gepflogen, die Todes-Straff mit jedesmaliger Beobachtung der in Rechten gegründeten, das factum minderenden oder gravirenden Umständen Euerem gewissenhafften Gut-Bedünken nach, auf eine kürzere oder längere Zeit in ein opus publicum aut dominicum zu verwandeln, dann, wann ein secunda vice eydbrüchiger einheimischer Delinquent betretten würde, ein solcher mit einem neuen zu verlängern und zu verschärffen kommenden opere publico oder Galeeren-Straff (jedoch in diesem Fall nicht anderst, als wann der Recurrent wenigstens mit einer 3 jährigen Ruderbank-Arbeit bestraffet zu werden verdiente) zu züchtigen, so fern aber ein zweymahlen aggratiirter perjurus zuwider der abgeschwornen Urphed zum drittenmal im Land ertappt würde, solchen falls wider ihn in conformität des obangezogenen unterm 8. Martii im verwichenen 1725. Jahr in puncto denegandorum recursuum pro gratia ergangenen generalis zu progrediren, mithin in casu denegandæ gratiæ das Todes-Urthel an einem solchen Delinquenten zu vollziehen, in casu aber, daß seine motiva pro gratia dannoch einiger massen erheblich zu seyn befunden würden, dessen Gnaden-Gesuch gewöhnlicher massen anhero mit Gutachten zu begleiten sey Was aber

Quarto die fremden vagabundos anbetrifft, weil respectu ihrer nicht um diefes zu thun ift, damit fie ad frugem gebracht, fondern das Land von ihnen gefäuberet werde, da wird quoad præteritum fowohl als quoad futurum ein folcher Delinquent bey erftmaliger Brechung der gefchwornen Urphed in via gratiæ mit der Fustigation und Relegation ergo novas juratas reversales anzufehen, und da folcher das anderemal dem gefchwornen Hals-Revers zuwider fich in das Land begebete, fodann durch 3. Werk-Tage mit dem Schwert am Pranger vorzuftellen und, gegen einen neuen Hals-Revers abermalen zu relegiren, auch nach Befchaffenheit eines jeden feiner Complexion die Fustigation an ihm zu verfchärfen, und da er fich daran gleichwohlen nicht kehrte fondern zum drittenmal eydbrüchig würde, mit demfelben auf folche Weiß (wie es respectu der Einheimifchen fchon angemerkt worden) nach Maßgebung des offt citirten Generalis mit Denegir- oder gutachtlicher Begleitung ihres Gnaden-Gefuchs zu verfahren feyn. Nun

Quinto auf das crimen furti zu gelangen, zumalen Wir Euch oben fchon bey dem crimine fractæ juratæ urphedæ Ziel und Maß vorgefchrieben, wie Wir es mit der Begnadigungs-Erklärung gehalten haben wollen, fo werdet Ihr ingleichen in hocce crimine bey Erklärung der Gnad zum erften- und andernmal, wann der casus fo befchaffen, daß Ihr Uns ad gratiam einzurathen und Wir die Gnad zu ertheilen gepflogen, Euch quoad commutationem poenæ gradatim, wie in befagtem crimine perjurii zu verhalten und annebenft, wann es auf Andictirung der Relegation oder Galeeren-Straff ankommete, hierauf, ob der wegen begangenen Diebftahls ad poenam ordinariam condemnirte Übelthäter ein Landes-Kind oder ein vagabundus feye jedesmahl zu reflectiren, auch fofort, wenn einer zum drittenmal um Gnad einkommen und pro obtinenda gratia dannoch folche motiva beybringen möchte, daß Euch diefelben von einiger Erheblichkeit zu feyn fcheineten, Ihr ebenfo, wie in dem vorigen crimine dem bisherigen Gebrauch nach, das Gnaden-Gefuch anhero gutachtlich zu begleiten haben. Allermaffen Wir

Sexto dasjenige, fo Wir in Unferer öffters angezogenen Resolution ddto. 8. Martii 1725. §^{pho} 3^{tio} angemerket, auch hierorths respectu aller deren Delictorum observirter haben wollen, daß nemlich und fo offt bey ein- oder anderem Deliquenten ein höchft wichtiger entweder in persona oder in facto beftehender Umftand unterlauffete, und sich ein besonderer merkwürdiger casus ereignete oder personas honoratiores anbetriffete, auf solchen Fall Ihr Uns allemal dessen gewöhnliche Anzeige thun und hierinfalls Unsere weithere Resolution erwarten sollet.

Übrigens und gleichwie

Septimo bey denen delictis carnis zwischen denen, die dermalen am meisten im Schwung gehen und leviora seynd, dann denjenigen welche nicht so frequent und inter atrociora gezählet werden, als da ist incestus in primo gradu consanguinitatis, stupri violenti, raptus, bestialitatis et Sodomiæ, eine Differenz zu machen ist, also werdet Ihr mit diesem Begnadigungs-Recht respectu der criminum leviorum in den Fällen, wo Ihr sonst ebenfalls zur Gnade eingerathen und Wir solche zu ertheilen pflegen, mit der Veränderung der Todes- in die sonst eingerathene Straff verfahren, mit gleichmässiger Beobachtung, ob es ein Landes-Kind oder vagabundus exterus seye; dann falls einer zum drittenmal ex tali crimine zum Tode verurtheilet würde, da werdet Ihr sowohl als respectu der enumerirten atrociorum criminum die Sache in das generale leiten, solcher gestalten dem Delinquenten entweder den Recurs verschrenken, oder Euer Gutachten gewöhnlicher massen anhero befördern, die in derley Begnadigungs-Fällen aber

Octavo über die dießfällige Erklärung zu verfassen kommenden Expeditiones, nach dem hier anschlüssigen Formulari allemal einrichten.

Uns übrigens gnädigst gegen Euch versehende, daß Ihr nicht nur allein all-dem, so Wir Euch durch diese Unsere Resolution umständig zu erkennen geben, genau nachkommen, sondern auch all' dasjenige, so Wir Euch in der obangezogenen Resolution vom 8. Martii des 1725. Jahrs ausgemessen und anhero nutzlich appliciret werden kann, pflichtmässig beobachten, besonders aber nach Aufsatz des §^{phi} 7^{mi} ratione constituendi correferentis in den allort ausgesetzten Fällen, dann ad denegandam, mithin auch ad declarandam gratiam erforderlichen zwey drittel votorum und was dem mehr anhängig ist, weithers aber nach Anleitung des §^{phi} 11^{mi} Euch dahin verhalten, daß Ihr Uns nebst den de casu in casum einzuschicken habenden kurzen Berichten, auch zu Ende eines jeden Jahrs nicht allein die in sothanem §^{pho} angeordnete Consignation derer das Jahr hindurch verworffenen recursuum, sondern und dermahlen auch derer declarirten gratiarum allerunterthänigst einsenden, und bey Verfertigung dieser alljährlichen General-Specification jedesmal hierüber, was Ihr etwann in executione dieser und jener allergnädigsten Resolution quoad practibilitatem

oder sonsten ersprießlich zu erinnern hättet, Euch gutachtlich herauslassen werdet. Die Wir Uns
Schlüßlichen wiederholter gegen Dich Præsidenten versehen und auf Deine, dann der sämmtlichen Räthe theuere Pflicht gänzlich verlassen, daß Ihr samt und sonders den Euch schon vorhero und anjetzo vorgeschriebenen modum procedendi genau in acht nehmen und andurch die sonst einsmahlige bey dem allerhöchsten Gericht in dieser das menschliche Blut angehenden Sache zu thun habende schwere Verantwortung allerseits zu vermeiden Euch äusserst bemühen werdet; allermassen Wir Unser Gewissen dessenthalben gänzlich entladen, und hingegen auf jenem fall, da von Euch dießfalls das behörige vermög der Rechte und auf die vorgeschriebene Weiß nicht beobachtet werden möchte, das Euerige hiermit vollkommentlich beschweret haben wollen.

Dem Ihr nun, wie nachzukommen und Unsern allergnädigsten Willen in allem und jeden zu erfüllen wissen werdet. Hieran. ic.

V.

Patent vom 13. Juli 1734, betreffend die Erhebung der corpora delictorum.

Wir der Römisch-Kayserl. in Germanien, Hispanien, Hungarn, und Böheim Königlichen Majestät respective Würklich-Geheim- und andere Räthe, Kämmerer, Verordnete Königliche Statthalter und Obriste Landes-Officierere im Königreich Böheim. fügen allen und jeden Herren Landes-Inwohnern was Standes, Würden, Condition oder Wesens die seynd, hiemit kund und zu wissen, was gestalt Ihre Kayser- und Königliche Majestät, Unser allerseits allergnädigster Herr, Uns vermittelst Dero sub dato Wien, den 18. Septembris verwichenen 1733. Jahrs erlassenen Rescripti, allermildest zu vernehmen gegeben, wie daß Allerhöchst-Deroselben Ihro Königliche Appellations-Kammer untereinstens angezeiget, wie schlecht und ziemlich spät bey denen erfolgenden Todtschlägen, die Wund-Zettel oder corpora delicti, ohne Section der Körper und Beyrückung der rationum scientiæ, ob die Wunden per se & necessario, oder blos allein per accidens tödtlich gewesen? aufgesetzt und eingeschickt zu werden pflegten, also daß zum öftern die corpora delicti umgefertiget werden müssen, allwo doch die neue Besichtigung, wo nicht ohnmöglich, doch wenigstens schwer fallen thäte, da etwa der exhumirte Körper bereits consumiret, mithin wegen des üblen Geruchs nicht wohl zu eröffnen und nicht mehr zu erkennen, ob und welche partes principaliores internæ lædirt, oder ob nicht, falls solche Theile nicht verletzt oder kein anderes vorherig-tödtliches Accidens gefunden worden, der Verwundete durch Stillung des Geblüts, Verhinderung des besorglichen Wund-Fiebers, Brands oder durch eine Aderlaß zu erretten gewesen wäre, und dahero gutachtlich eingerathen, ins künftige in denen casibus homicidii gleich nach erschallener Missethat, die durch einen beyhändigen Medicum vel Chirurgum geschehende Besichtig- auch respective Eröffnung des Leichnams und sodann mit jedesmaliger Ablegung des Eids, eine gewissenhafte Beschreibung des eigentlichen Befunds per Patentes anzubefehlen. Und nun Ihre oballerhöchst-gedachte Kayser- und Königliche Majestät diesen zur Beförderung der Criminalien gereichenden Vorschlag zu approbiren und Uns die durchgehends im Lande zu veranlassende Publication von dergleichen Patenten mit dem Allergnädigsten Befehl mitzugeben geruhet haben, daß sothan zu verabfassen kommende Generalien mit Dero auch Königlichen Appellations-Kammer, mit Reflectirung auf die Josephinische Hals-Gerichts-Ordnung, gemeinschaftlich und zur Publication gebracht, auch wann denselben annoch nicht nachgelebet würde, wider die transgressores mit Pœnalien verfahren werden solle; als befehlen Wir im Namen und anstatt Ihrer, ob-mehr-allerhöchst-erwähnter Kayser- und Königlichen Majestät, Unsers allerseits allergnädigsten Herrn, allen und jeden zur Besichtigung eines Körpers beruffenen Medicis, Chirurgis, Wund-Aerzten und Baadern ein für allemal hiemit ernstlich, daß sie künftighin derley Untersuchung eines entseelten Leichnams, wobey sich einiger Verdacht herfür thäte, mithin der Richter nach den zu erheben kommenden Wund-Zetteln die Inquisition formiren müßte, in Gegenwart der dazu gezogenen Gerichts-Männer, secundum regulas artis anathomicæ & chirurgicæ, verläßlich, gewissenhaft und unpartheyisch vornehmen, den erhobenen Befund, falls es möglich, demonstrative, das ist erweißlich, und nicht præsumptive oder mutmaßlich, in forma eines verläßlichen Attestati, mit Beyrückung der eigentlichen rationum scientiæ, an & ex quo motivo vulnus per se & necessario vel ut plurimum vel per accidens lethale fuerit, specificando genus vulneris, viscera aut vasa læsa, die Gestalt, Länge, Weite, Tiefe, den lædirten Theil, wie viel Geblüt, oder andere und was für Materi gefunden worden, mit

Anmerkung der Splitter und Ritzen, ob? und welche anliegende Theile ob impeditam circulationem sanguinis, respirationem, connexionem vel consensum partium principalium, seu principum, ex defectu der Beyhülfe oder Mitwirkung, den Tod nach sich ziehen; ob? und warum der Umlauf des Gebluts verhindert worden? mit Exprimirung des beyläufigen Alters des Verstorbenen, dann dessen Structur und Complexion, wie der Körper äußerlich ausgesehen, item, wie die von der Wunden nicht berührten innerlichen Partes beschaffen gewesen? verfassen, und selbtes bey jedem actu gerichtlich beschwören und nicht Ursach geben solle, bey herfürbrechenden Anstand, allererst von der medicinischen Facultät ein Superarbitrium abzuheischen und hiedurch dem Gericht die Atzungs- und andere Unkosten zu vermehren, mithin dem Inquisito den Arrest zu verlängern, oder aber den Procuratoribus oder Defensoribus reorum Anlaß zu geben, das corpus delicti & per consequens die Inquisition zu impugniren. Und gestalten es meistens de homicidio, veneficio & infanticidio zu thun, als seynd insonderheit sothane drey Verbrechen hauptsächlich zu observiren.

Solchemnach den Todt-Schlag zu berühren: so ist zu beobachten 1mo partis vulneratæ nobilitas seu ad vitam comparata necessitas; 2do vulneris magnitudo, profunditas & qualitas, item ob es eine gerade oder schräge Wunde seye? 3tio remedia applicandi impossibilitas, 4to brevi inde subsecuta mors. Anbey werden die in arte periti vor allem den Körper genau examiniren, dann bey Eröffnung des Körpers die drey principales cavitates, nempe capitis, ventris & abdominis examiniren und attendiren: ob es eine Fleisch- oder Bein-schröttige, oder mehrere oder runde Wunden seynd, ob der Magen oben oder unten, wodurch der Speis-Saft in den hohlen Leib dringet, beschädigt und das Gehirn, das pericardium, das ist, das Herz-Fell, und vielleicht auch die Herz-Kammer, vornemlich linker Seits, oder dasiges Schlaf-Mäuslein, das Zwerch-Fell oder Sehnen, an seinen fleischlichten Theilen, die Lungen und ihre vornehmsten Aeste, die Blut-Ader der pulmonum, Leber oder Schlund berühret worden? oder ob nicht vorhero einige und welche partes internæ verdorben, oder ein anderes tödtliches Merkmahl, verbi gratia ein gefährliches Brust-Geschwür oder Gewächs, oder ein anderer tödtliche affectus verborgen gewesen und getroffen worden? ob nicht der Verwundete durch zeitlichere Stillung des Gebluts, Verhinderung des besorglichen Wund-Fiebers oder Convulsion, Brand oder Vornehmung einer Aderlaß, gänzlich oder wie lang hätte errettet werden mögen? ob die Wunden am Haupt nur die äußerliche integumenta getroffen? ob es eine heftige oder gelinde Zerschitterung, mit Blut unterloffene Zerquetschung unter denen Schlaf-Mäuslein des Hirns, dann dessen Häutlein oder Schlag seye? ob die grossen oder kleinen Blut-Gefäße, wodurch die Bewegung verhindert wird, da man das Geblüt nicht stillen oder die Ader nicht consolidiren kann, immassen das Geblüt, die Höhle der Brust anfüllet? ob es möglich gewesen, das extravasirte Geblüt oder Materi heraus zu bringen, und die fernere Corruption zu verhindern? oder ob die Wunden am Haupt klein und tief, einfoglich nicht wohl zu erweiteren gewesen? ob die hohl- oder grosse Puls-Spann-Ader oder Flachse, oder die zum Herzen, Lungen und Zwerch-fell gehenden und zwischen denen Rippen liegenden Nerven getroffen worden? ob etwa und auf was Weise der nicht absolute lethalen Wunde vorzubiegen gewesen? Es solle auch der Chirurgus, falls ein Medicus zur Visitation zu bekommen wäre, vor dessen Ankunft die Eröffnung nicht vornehmen. So ist auch ein Überfluß, vor der Section die Tiefe der Wunden mit dem specillo oder Furch-Eisen oder ungebräuchlichen instrumento, wodurch öfters die Læsion erweitert oder eine neue Verletzung causiret wird, unvorsichtiglich zu erforschen, gestalten die Section des Leichnams die Tiefe der Wunden genugsam an Tag leget; jedoch wird ihnen obliegen, vor allen Dingen das etwa beyhändige Instrument, womit die Beschädigung wiederfahren, allsogleich mit der Wunde, ob es damit eintreffe und ad occidendum tauge, fleißig zu combiniren, wie der Körper äußerlich ausgesehen dem sentimento beyzurücken, bey der Untersuchung alle innerlichen Gegenden zu eröffnen und zu sehen, ob dieser Mensch præcise von der überkommenen Wunde unumgänglich habe verscheiden müßen. Begebe es sich, daß man auch äußerlich am Leichnam keine sichtbare Gewaltthätigkeit vermerke und jedannoch der Ruf wäre, daß solcher Mensch nicht natürlicher Weis Todes verblichen, so muß gleichwohlen der Leib secirt und erforschet werden, ob nicht der Entleibte einen Stoß oder Wurf auf die Herz-Gruben oder dasige Gegend, oder einen Fußtritt in die Weiche oder in die linke Seiten, wo das Milz lieget, wodurch selbtes geschwöllet und weilen es mit einem sehr dünnen Häutel umgeben, auch eine Extravasion im untern Leib causiret, leichtlich börsten kann, empfangen, wozu vielleicht eine Ohnmacht, Schlag, oder Verhinderung des Athems gekommen, das Geblüt sich häuffig ergoffen, eine Erstickung causiret oder die vesicula fellea oder auch die Harn-Blase zersprenget worden. Und weil dann im Körper drey Cavitæten enthalten, als werden sich die in arte periti wie zu verhalten wissen, und sich vor der Obduction oder Besichtigung so viel möglich wegen des Verwundeten Alters, Disposition des instrumenti causatæ mortis, der gepflogenen Diæt, Wartung, Heilungs-Art und Zeit des erfolgten Todes erkundigen, dann nicht nur alle Striche der Wunden untersuchen, sondern auch vorerwähnter massen, alle Höhlen des Körpers eröffnen, damit man im Bericht desto gewisser benenne, ob der Blessirte lediglich von der Wunde verschieden sey? Über welches alles die relatio um so mehrers genuine und accurate zu concipiren seyn wird, als successu temporis schwer, wo nicht gar unmöglich fallet, ob putredinem & corruptionem supervenientem die vorhin nicht richtig erhobene Beschaffenheit der Wunden des Körpers durch das Superarbitrium prudentiorum vel facultatis medicæ zu suppliren, einfolglich die Inquisition zu beschleunigen, welches hiemit in ordine homicidii ins künftige allenfalls beobachtet werden solle.

Nun das quocunque demum modo verschluckte Gift betreffend, so werden die attestantes die Umstände fleißig erwägen, ob dem Menschen das venenum gereichet worden, oder ob solches von innerlich seinen Ursprung habe, id est, an sit venenum naturale vel morbosum, & qualis sit ejus modus agendi? und wenn dieses letzteren, seu veneni morbosi Effect, mit dem ersten ziemlich übereinsstimmt, wird einfolglich der Medicus mit dem Chirurgo, so viel möglich des Verstorbenen eigentliches temperamentum, die efficaciam pathematum seu passionis, vel affectus præternaturales, das ist die Bewegung der Sinne und des Gemüts, womit vielleicht der Verstorbene begabt gewesen, examiniren und das genus, vel potius speciem & effectum veneni, als welches vornehmlich, da es gröblichter genossen wird, insgemein corrosione, fermentatione vel vaporibus operirt, eruiren. Ursach dessen erfordert es die Noth, den Körper äußerlich wohl zu lustriren und den Befund fideliter zu annotiren, sodann die Section vor die Hand zu nehmen, alle innerlichen Theile und Gegenden zu besichtigen, damit man verspüre, ob die äußerliche mit der innerlichen Spur übereintreffe, welcherley vestigia hauptsächlich an dem beruhen, daß man ein Merkmal des corrosiven veneni absonderlich in der Kehle, Speise-Röhre, in den dicken oder dünnen Gedärmen, oder falls per enema ein Gift eingelassen worden, in den Nieren, Harn-

Gängen oder Blasen, im Schlund oder Magen selbst observire? oder ob sich unter anderen äußerlich am Magen und intestino duodeno, das ist am Zwölf-Finger-Darm eine grosse Entzündung oder Beitzung, inwendig am Magen aber ein rötlicher heftiger liquor, wie ein Wein vorstelle, und obschon sich etwa äußerliche Zeichen exhibiren, so ist sich doch darauf nicht zu verlassen, weil solche affectus, verbi gratia von einem vergifteten Biß oder Stich herrühren mögen; ansonsten versiret des Medici und Chirurgi Scienz in dem, daß er die Complexion des Menschen, dann ob und was für ein tödtliches Gift er verschluckt oder ihm gereicht worden? wie stark selbes seye? und wie viel dieses individuum in specie umzubringen erfordert worden? fleißig erforsche. Es solle auch der Medicus und Chirurgus bey der Section beflissen seyn, zu inquiriren, ob nicht der Verlebte einige an sich selbst nicht giftige, nicht etwa gröblich, sondern pulverisirte, nicht recht secundum legem artis dispensirte, mithin mehrers durchzuarbeitende, auch sogar überflüssige Arzney in largiori dosi zu sich genommen? immassen derley in excessiver Qualität gebrauchte Medicin den Magen durchnagt, selben mit einem Herzwehe entzündet und mit der Zeit den Tod procuriren kann. Nun seind die nach dem Tod sich hervorstellenden ungemeinen äußerlichen Signa des bekommenen Gifts, unter anderen auch folgende: nemlich die Aufschwellung des Schmeer-Bauchs, allzugrosse Aufblähung des Magens und der Gedärme, schwarzblaue Maseren ob dem Rücken und Füßen, nach eröffnetem Körper derley Flecken im Magen, den Gedärmen und an dem Jngeweide benanntlichen an der Lungen, Leber, Milz, und Nieren ıc. die bisweilen, sonderlich vom corrosiven Gift verblieben, durch Beitzung des Magens ein verdorben-stinkend- und schwarz-licht-blutiger Saft, oder daß man die Abgänglein, id est rementa vom Gift finde, ein schlappicht- und zusammen gerumpftes Herz, in der Herz-Kammer eine merkliche Gerinnung des Geblüts, im Kopf, und zwar vornemlich in denen ersten Hals-Puls- oder Kehl-Aderen eine grosse ungemeine Menge des geronnenen Geblüts; als sollen die Kunst-Erfahrnen die signa antecedentia & praesentia genau betrachten, als

Primo: Wie oben etwas angeregt worden, den Zustand und Eigenschaft des Menschen, was für eine Natur derselbe gehabt und wie er beschaffen gewesen?

Secundo: Wo möglich, bey denjenigen die beym Verstorbenen gewesen, auskundschaften, mit was für Zufällen er kurz vorm Tod gewesen? ob er gählings, unvermutet und so zusagen bei gesundem

Leib verschieden? oder, ob selbten nicht und was für ein Unfall den Tod befördert habe? ob er bald nach genommener Speise oder Trank, von beschwerlichem Husten, Blutspeyen mit Gestank, Verstopfung des Urins und von einem greulichen Schmerz, grosser Hitze, Zittern, krampfsichtigen Bewegungen, Schlucken, Wasser-Bläßlein, Hitz im Mund, öfterem Ausspritzen, grossen Durst, Eckel im Magen, Reissen, Beissen und Nagen im Leibe, starken und blutigeren Durchfällen und Urin, grösserer Herzens-Angst, schweren Athemhohlen, kaltem Angst-Schweiß, Verdrehung der Augen, Zusammenziehung der Finger, Erkaltung der äusserlichen Theile, schwärzlichen Nägeln, Zitterung der Lippen überfallen worden? ob er nicht im Angesicht bleyfärbicht und erd=fahl ausgesehen, auch dieses Zustandes halber keine andere offenbare Ursach oder Gelegenheit zu erfahren gewesen?

Tertio: Ob an dem Körper eine starke und grosse Geschwulst des ganzen oder wenigstens des untern Leibes oder Leichnams gelb und grün, erdfahl und bleygelb dann das Angesicht braun und aufgeloffen, die Zunge schwarz, dick und aushängend ausgesehen? ob am Leib, besonders auf der Brust, grössere oder kleinere schwarzlicht-gelblichte, rötlichte oder andere Flecken zu finden?

Quarto: Ist wohl zu bemerken, ob im Magen einige vestigia veneni oder saburra venenosa anzutreffen, und wie das Eingeweyde, und die viscera beschaffen seynd?

Schlüßlich ist es de levatione corporis delicti ex capite infanticidii zu thun, allwo zwey Frag-Stücke moviret werden: 1mo ob das Kind lebendig oder todter auf die Welt gekommen? 2do ob das Kind a manu violenta verschieden seye? Damit also die Verläßlichkeit erlangt werde, so muß die äusser- und innerliche Inspection darum tempestive vorgekehrt werden, weil verschiedene Ursachen und Umständen, theils vom Körperle, theils vom Wetter oder der Zeit eine zufällige Veränderung erwecken, und ist bey der Section zu beobachten, ob und was für Affectus im Leib gewesen? und vielleicht dem Kind den frühzeitigen Tod zuwege gebracht haben mögen. Mehrers ist zu consideriren, ob das todte Kind in einem unreinen, unflätigen, warmen, oder feuchten Ort gefunden worden? es erfordert auch die Noth, bey einem todten Kinde das Haupt-Blättlein, die Schläfe, das Haupt-Blatt des Kopfes, ob selbes mit denen Fingern eingedrückt seye und die Mahlzeichen von denen Fingeren vorhanden? das hintere Theil des Haupts und den Nacken wohl zu beaugenscheinigen, ob und was für eine Violenz, id est Zwang, daran zu vermerken? ob das Knäblein an dem scroto gedruckt, geschwollen, roth oder blau seye? ob dem Kind die Nabel-Schnur nahe am Leib abgerissen oder abgeschnitten, oder allzu nahe und streng angezogen und gebunden seye? Item, ob in dem intestino recto oder Mast-Darm, in sphinctere der musculus constrictior, das ist das schließ- oder zusammen-ziehende Mäuslein des Hintern und Blasen, mit einem Rüttel oder ästigen Stäblein, durch das Fitschlen lædirt, oder das Kind durch einen Schwefel-Gestank von der glüenden Licht-Putz, oder scharfen Rauch, oder eingelassenes Gift in die Nasen-Löcher hingerichtet worden? ob die am Hals des Kindes hinterlassenen blauen Flecke pro violentia a matre proveniente zu achten oder zu glauben, daß solche von einer schweren Geburt herrühren? Es pfleget auch insgemein von denen unzüchtigen Weibs-Personen einge-streuet zu werden: das Kind seye im Mutter-Leib oder bey der wirk-lichen Gebährung gestorben; um aber zu erforschen, ob das Kind bis zur oder nach der Geburt gelebt habe? ist nöthig zu beobachten, ob das Kind 1mo allerdings an der Länge und Stärke in seinen erforder-lichen Gliedmassen vollkommen, mit den Nägeln an Händen und Füßen, dann ob dem Haupt mit Haarlein versehen und gebührend gestaltet seye? 2do ob die Nabel-Schnur frisch, knorricht, rein, und leb-hafter Farbe seye? 3^{tio} ob von den Unwesenden gleich nach der Nieder-kunft verspühret worden, daß das Kind annoch warm gewesen? 4to ob aus der unverbundenen Nabel-Schnur das Geblüt häufig geflossen? ob am verschiedenen Kind in dessen Leib und visceribus kein oder wenig Geblüt befindlich? 5to ob nicht wehrender Schwangerschaft, und zwar fürnehmlich gegen die letzteren Tage der Geburt, durch einen unvor-gesehenen Fall oder schweres Heben der Mutter, oder Erschütterung des Leibes, oder früh abtreibende Arzney, überflüßige, verdächtige, starke Aderlaß, starkes Niessen, Schrecken, Zorn und außerordentliche Fasten, das Kind verdorben oder geschwächt, mithin zur Geburt unbequem oder nicht geschicklich gemacht worden? 6to ob sich nicht das Kind, da etwa bey der Geburt Leute gewesen, wehrender Geburt von ein zur anderen Seiten nur geschoben, doch sich vitaliter nicht gerühret, solches auch die Mutter und die Adstantes beobachtet, ob die Geburt leichtlich oder schwer von statten gegangen, oder ob in ipso partu das Geblüt merklich ausgeflossen? ob nach der Geburt die Secundina leichtlich er-folgt seye? Nebst obigen sollen die Attestantes nicht allein auf die Complexion der etwa zum ersten gebährenden Mutter, sondern auch ob es nicht ein schmächtig-elend-gering- und klein-zartes Kind seye? reflectiren, folglich ihre Meynung so wohl in diesem delicto infanticidii, als in oberwähnten criminibus homicidii & veneficii, wohl bedacht- und pflicht-mäßig, mit Beyrückung der rationum scientiæ einrichten. Werden also die sämmtlichen Herren Landes-Inwohner, auf deren Territorio die Erhebung eines corporis delicti oder Wund-Zettels erforderlich wäre so wohl, als auch und absonderlich die Medici, Chirurgi, Wund-Aerzte und Baader, diesen im Lande publicirten Patenten gemäß, unter einer sonst erfolgenden schweren Verantwortung, auch gestalten Dingen nach ohnnachbleiblicher scharfen Bestraffung, sich zu verhalten und diesfalls vor Schaden und Gefahr zu hüten wissen. Gegeben ob dem Königlichen Prager-Schloß, den Dreyzehenten Monats-Tag Julii, im Siebenzehen-Hundert Vier und Dreyssigsten Jahr.

VI.

Hofrescript ddto. Wien, den 11. April 1737. (An die k. böhm. Appellationskammer.)

Carl etc. Liebe Getreue! Ihr habt Uns in Euerem allerunterthänigsten Bericht vom 21. vorigen Monats die Ursachen, warum Ihr das in puncto alimentationis der inhaftirten Delinquenten abgeforderte Gutachten bis dato nicht erstatten können, allerunterthänigst angezeigt und zugleich die von Euch entworfene Consignation der criminum publicorum et privatorum um den diesfälligen Unterschied den Landgerichten zu ihrer Richtschnur bedeuten zu können, zu Unserer allerhöchsten Approbation eingeschickt. Nun haben Wir sothane, mit Aussetzung der criminum publicorum et privatorum von Euch entworfene Consignation zwar gnädigst zu approbiren befunden; nachdem aber in gleich erwähnter Consignation das crimen raptus et falsi inter crimina privata gerechnet worden, beide hingegen mixta und nach den sich dabei ereignenden Umständen mehrers publica als privata sein können, als wird auch in den sich diesfalls ergebenden casibus hierauf zu reflectiren, mithin von Euch den Prager Magistraten und Landgerichten hiernach die gehörige Instruction zu ertheilen sein und ist übrigens Unser gnädigster Befehl, daß Ihr von mehr gedachten Landgerichten die noch abgängigen Consignationes nach Euerem diesfälligen, von Uns approbirten Entwurf schleunig abzufordern, mithin in der Hauptsache selbst Eueren ausständigen gutächtlichen Bericht bald anhero zu erstatten Euch angelegen sein lassen sollet. Hieran 2c.

Specification

derjenigen delictorum, welche pro publicis vel privatis zu halten sind.

Inter publica werden gerechnet:	Inter privata werden gerechnet:
Gotteslästerung	Homicidium
Ketzerei	Infanticidium
Zauberei	Procuratio abortus
Machung falscher Münze	Suppositio partus
Assassinium	Expositio infantis
Parricidium	Saevities in corpus proprium vel mortuum
Latrocinium	
Robbaria	Violatio sepulchrorum
Veneficium	Poligamia
Incendium	Incestus
Bestialitas	Adulterium
Sodomia	Lenocinium
Plagium	Raptus, nisi circumstantiæ in publicum incidant
Raptus, pro diversitate circumstantiarum	
	Fornicatio
Furtum sacrilegum	Furtum simplex
Furtum qualificatum	Bursicopia
Landstörzerei	Receptatio rerum furtivarum
Fracta urpheda	Crimen falsi, da es einen privatum angehet.
Crimen falsi, wenn das Verbrechen ins publicum einschlaget.	

VII.

Standrechts-Patent für Böhmen, ddto. Prag, den 14. September 1750.

Wir der Röm. Kayserl. in Germanien, auch zu Hungarn und Böheim Königlichen Majestät respectivè Würklich-Geheim- und andere Räthe, Kämmerer und obriste Landes-Officiere im Königreich Böheim. Fügen allen und jeden Herren und anderen Landes-Inwohnern, wes Standes, Würde und Wesens in erstgedachtem Erb-Königreich Böheim sie immer seyn mögen, besonders aber den Magistraten, Gerichten und Gerichtsbarkeiten zu wissen, und geben denselben insgesammt hiemit zu vernehmen: Was massen Jhre Kayser-Königliche Majestät aus Landes-Mütterlichen Sorge für das allgemeine Beste und eines jeden Sicherheit, zur Unterbrechung der in diesem Königreich Böheim dermalen häufiger denn sonsten sich äußerenden, sehr übel qualificirten Räubereyen und Diebstählen, um damit diesem immer mehr und mehr anwachsenden Übel durch die ausgebigst- und zulänglichsten Mittel fördersamst gesteueret werde, das Stand-Recht gegen die Räuber, wie solches in dem Erb-Marggrafthum Mähren und Schlesien bereits eingeführt worden, auch in diesem Erb-Königreich Böheim auf ein Jahr lang einzuführen und selbiges auch auf die furta violenta, jedoch mit Ausschließung der nur attentirten und lediglich in jenem Fall, wann von mehreren zusammen gerotteten, oder auch nur einem, jedoch mit Schuß- oder anderem Gewehr versehenem Diebe mit gewaltsamer Sprengung oder Untergrabung und mit Lebens-Gefahr des Damnificirten der Diebstahl gewaltsam wirklich ausgeübt worden, zu extendiren, solches aber nur in folgenden dreyen casibus, da nemlich derley Delinquenten in flagranti crimine und frischer That ertappt worden, oder confessi oder convicti wären, ad observantiam zu bringen befunden haben. So viel es aber den modum procedendi anbetrifft, da haben Jhro Kayser-Königliche Majestät

Primo: für ordentliche Stand-Gerichts-Oerter folgende Städte: nemlich, anstatt ein- und anderer der Haupt-Stadt Prag am nächsten angelegenen Kreys-Stadt, die Königlichen Prager Städte, und zwar für derley im Rakonitzer Kreys betretene Delinquenten die Obere-Stadt Hradschin und die Königliche Kleinere-Stadt, dann für den Berauner die Alt-Stadt und für den Kaurzimer Kreys die Neu-Stadt Prag, ferners aber die anderen Kreys-Städte, benanntlichen Leitmeritz, Jung-Bunzlau, Königgratz, Chrudim, Pilsen und Saaz, in dem Czaslauer Kreys aber die Stadt Kuttenberg und in dem Bechiner Kreys Böhmisch-Budweis, dann in dem Prachiner Kreys Pisek und endlich im Egerischen Bezirk die Stadt Eger solcher gestalten benennet, daß die in den diesfälligen Kreysen in Verhaft zu bringenden Delinquenten von eines jeden Orts Jurisdictions-Obrigkeit (salva tamen jurisdictione aut jure gladii cujuscunque) in die obbenannten Stand-Gerichts-Oerter ohngesäumt entweder immediate, oder mittelst der Königlichen Kreys-Aemter eingeliefert und daselbst ohnweigerlich angenommen werden sollen. Es werden aber

Secundo: Bey Inhaftirung von derley Delinquenten vor allem nach Maaßgebung der Peinlichen Josephinischen Hals-Gerichts-Ordnung, dann auch nach Beschaffenheit des facti, vermög der untern 13. Julii 1734 ergangenen Patente die corpora delicti und certitudo facti (wessentwegen, und damit die Gerichte wissen mögen wie das corpus delicti zu erheben seye, sothane Patente republiciret werden) schleunig zu erheben; wo aber der Delinquent auf frischer That betreten wird, die Anzeige, des denselben lieferenden Gerichts pro corpore delicti anzunehmen, der zur Haft gebrachte Missethäter hingegen alsobald in die complices, wer sein Anhang und Helfer gewesen? wo selbe sich befinden? wo er und seine complices sich vorhin aufgehalten? und wo sie ihren Unterschleif gehabt haben? genau zu examiniren, folgsam

Tertio: In jenen Fällen, wann der Delinquent in frischer That ertappt worden oder in confessis wäre, demselben die in ermeldter Hals-Gerichts-Ordnung ausgemessene Todes-Strafe per sententiam anzudictiren und solche an ihm nach Gestattung längstens einer nur vier und zwanzig stündigen Frist zur Bereuung seiner Sünden und Verrichtung der heiligen Beicht zu vollziehen seyn. Wo aber

Quarto: Der Thäter durch Zeugen zu überweisen oder pro convicto zu achten? diesfalls werden diejenigen Zeugen, welche nicht complices, sondern ehrliche und wohl verhaltene Leute sind, zwar eydlich, jedoch über keine förmlichen articulos positionales und interrogatoria, sondern nur summarie über das factum zu verhören und ihre Aussagen von dem actuario judicii mit allen Umständen ad protocollum zu nehmen, sofern hingegen keine wohl-verhaltenen Zeugen vorhanden wären, sondern nur die complices den Delinquenten graviretten und

derselbe in der mit ihm entweder perſönlich, oder wegen weiter Ent=
legenheit auch nur virtualiter vorzunehmen kommenden Confrontation
immerfort in negativis beharrete, in ſolchem Fall von den gravirenden
ihre Ausſagen in banco juris & loco supplicii zu beſtätigen ſeyn, wo
hernachmals derley zwey complices pro testibus qualificatis & convin=
centibus, mithin der Gravirte pro convicto zu achten und wider ihn
ſtandrechtlich mit Andictir= und Vollziehung der Todes=Strafe zu ver=
fahren ſeyn wird. Da es ſich aber

Quinto: Aeußerete, daß nur ein einziger eydlicher Zeuge, oder gra=
virender und ſeine Ausſage mit dem Tod beſtättigender complex wider
den in negativis beharrenden Delinquenten vorhanden wäre; ſo wird
dieſer mittelſt der Tortur zur Bekanntnuß anzuhalten, und eben auch
gegen ihn, wenn ſonſten einige nach Ausweis der Rechte zur ſchar=
fen Frage hinlängliche Indicia obwalteten, torturaliter fürzugehen, und
wofern der Raub von einer ganzen Raub= oder Diebs=Banda begangen
worden und der Delinquent keinen ex complicibus entdecken wollte,
wider denſelben in caput complicum ebenfalls peynlich zu quæstioniren
ſeyn. Nichts deſtoweniger ſolle

Sexto: Dem Inhaftirten in allen oberwähnten Fällen der Defen=
sions=Weg nicht gänzlich verſchränkt, ſondern derſelbe mit dem, was er
etwa zu ſeiner rechtlichen Vertheidigung erheblich vorzubringen ſich ge=
trauete, allerdings gehört werden, jedoch nur dergeſtalten, damit ſelbter
ſeine vermeintliche Unſchuld in continenti trium dierum durch etwaige
Gegen=Zeugen oder ſonſt in anderem Wege ſtatthaft erweiſen, oder
aufführen möge. Und ob zwar

Septimo: Ein Stand=Recht von einer förmlichen Inquisition an
dem unterſchieden, daß bey jenem ſchleuniger, und gleichſam levato
cursus ordinarii velo verfahren wird; ſo iſt gleichwohl dabey all das=
jenige, was in ordine ad defensionem die natürlichen Rechte erheiſchen
und die substantialia probationis mit ſich bringen, zu beobachten, folglich
in dem Fall, wo der Delinquent weder confessus, noch convictus
wäre, derſelbe nebſt Verwahrung ſeiner Ehre ab inquisitione zu absol=
viren und des Verhafts zu entlaſſen; es wäre denn, daß wider ihn
indicia permanentia militireten, in welchem Falle weiters nach Maß=
gebung der Rechte und unterwaltenden Umſtände arbitrarie zu ver=
fahren ſeyn wird. Ferners aber und obwohl

Octavo: Von einem bey dem Stand=Gerichte ordentlich geſchöpften
und publicirten Urtheil weder einige Appellation, noch recursus pro

gratia zu gestatten, sondern, wenn auch der Delinquent hierauf provocirte, dem ungeachtet mit der Execution post latam sententiam binnen vier und zwanzig Stunden unverschieblich fortzufahren ist; so werden doch die Stand-Gerichte dahin angewiesen, daß, wofern ein casus arduus wäre, oder ein wichtiger zweifelhafter Umstand sich äußeren thäte, von denselben die Belehrung bey der Königl. Appellations-Kammer unverzüglich angesucht, ansonst aber von den Stand-Gerichten an die Königl. Appellations-Kammer allemal de casu in casum über die vollführte Inquisition, und vollzogene Execution der Bericht ad statum notitiæ, nebst Einsendung der Acten abgestattet werden solle.

Wie nun also Ihre Kayserlich-Königliche Majestät den wegen solch allergerechtest resolvirten Stand-Rechts vorgeschriebenen modum procedendi auf das genaueste beobachtet wissen wollen.

Als befehlen Wir im Namen und anstatt Ihro Allerhöchstgedacht den gesammten Königl. Kreys-Aemteren, Obrigkeiten, Magistraten, Gerichten und Gerichtsbarkeiten, daß sie diese in böhmischer und deutscher Sprache verfaßte, mit den hier wegen legaler Erhebung des corporis delicti angehängten Patenten zu Jedermanns Wissenschaft nicht allein in jedem Kreyse, sondern auch in den Städten durch die Magistrate und Gerichts-Stellen, in den Dorfschaften aber durch die Wirthschafts-Beamten, mit dererselben deutlicher Vorlesung und Auslegung den öfters zusammen zu berufen-kommenden Gemeinden kund machen und gehörigen Orts ad valvas publicas affigiren lassen, und ob dem wirklichen Erfolg alles Fleißes invigiliren sollen; allermassen dann auch Ihro Majestät zu dessen leichterer Bewirkung, weil die Erfahrung gegeben, daß bey den vorgegangenen Räubereyen die Leute und Nachbarschaft zwar zusammen zu laufen pflegt, jedoch aber die Räuber und Diebs-Banda anzugreifen sich nicht getraut, an die Behörde bereits das Gehörige allergnädigst verfügt haben, damit von der im Lande bequartirten Miliz auf jedesmaliges Ansuchen sowohl in Aufsuch- und Verfolgung, als gefänglicher Einziehung derley höchst-schädlichen Gesindels die hinlängliche Assistenz und Hülfe ohnverweilt geleistet werde: wo übrigens auch Ihro Majestät wegen eines zur Bestreitung der Criminal-Unkosten erforderlichen Fundi sich des weiteren allermildest zu entschließen geruhen werden.

Wornach denn ein Jeder sich wie zu richten, dem auf das genaueste nachzukommen, mithin Ihro Majestät ernstlichen Willen zu erfüllen von selbst sich beeifern wird.

VIII.

Hofrescript vom 18. November 1752, an die königl. Repräsentation und Kammer in Böhmen.

Maria Theresia etc. Liebe Getreue! Es hat die bisherige Erfahrenheit gelehrt, gleich dann verschiedene Klagen und Beschwerden öfters hervorgekommen, daß die Halsgerichte in Unserem Erbkönigreiche Böhmen wegen Bestreitung der Criminalunkosten für die ex delictis privatis gefangenen christlichen Delinquenten zeithero stark und über ihre Kräfte bedrücket gewesen. Wir sind daher bewogen worden denselben nachfolgende fundos zu einer diesfälligen Erleichterung angedeihen und ausweisen zu lassen und zwar:

1. alle ex commodo jurisdictionis herfließenden Strafgelder;
2. die letzthin verschärften poenas temere litigantium;
3. die Hälfte der bei den Zünften zu erlegenden Handwerksstrafen;
4. die für das verleihende Bürgerrecht einnehmenden Taxen, insoweit selbe in ein- oder anderem Ort in partem salarii der Rathsmänner nicht mit eingerechnet werden;
5. in specie respectu der auf die Wilddiebe aufzuwendenden Unkosten, die vermöge der anno 1746 republicirten Waidordnungspatente eingehenden Strafgelder.

Wobei jedoch der Unterschied zu machen, daß in jenen Fällen, wo die Halsgerichte die jurisdictionem ordinariam circa delicta privata exerciren, für sothane Unkosten keine Bonification, sondern lediglich, wenn von anderen Orten die Delinquenten dahin geliefert werden, mithin die jurisdictio vicaria exerciret wird, die Vergütung der in Nemesi Josephina Art. XXIII specificirten Unkosten, aus den erwähnten Fonden zu begehren befugt sein sollen.

Soviel es aber die delicta publica anbetrifft, da hat es respectu der Deserteursverhehler und falschen Werber bei Unserer Ausmessung ddto. 27. März 1751 sein weiteres Bewenden, daß die darauf zu wendenden Kosten ex camerali vorzuschießen und sodann aus derselben Delinquenten Vermögen oder Strafgeldern zu vergüten seien. Wo im Uebrigen der fundus septimarum litium zur Vergütung der für christliche, ex caeteris delictis publicis gefangene Delinquenten aufgehenden Unkosten, wie vorhin also noch ferners gewidmet bleibt. Auf daß aber die Halsgerichte eine noch mehrere Erleichterung zur Bestreitung der diesfälligen Unkosten erreichen mögen, so wollen Wir gnädigst gestatten, daß in den Städten und Märkten die Sammlung des Almosens für die Gefangenen mit einer Sparbüchse eingeführt, hiezu eine besonders beeidigte Person aufgestellt, dann alle sowohl durch die Sammlung als aus den obberührten Fonden eingehenden Strafgelder in eine besondere cassam gelegt, ordentlich verrechnet, die von den inspectoribus carcerum verfaßte Rechnung den Magistraten vorgelegt und von denselben quartaliter mit der tabella arrestatorum an die königl. Appellationskammer eingeschickt, wo aber einige Capitalien pro arrestatis vorhanden, die versessenen Interessen executive eingetrieben, die currenten aber über einen Termin nicht anwachsen zu lassen den Magistraten unter eigener Vertretung anbefohlen werde.

Und zumalen auch bei Andictirung des operis publici zum öfteren die Halsgerichte wegen der Verpflegung mehr, als die Delinquenten selbst bestraft werden, so haben Wir weiters gnädigst befunden, daß dergleichen Verurtheilte theils zur Straßenreparation angewendet, theils in die Festungen zur Verrichtung der Schanzarbeit geliefert und wie andere Arrestanten verpflegt werden sollen, allermassen denn dieses Letzteren halber an Unseren k. k. Hofkriegsrath unter Einem das Gehörige ergeht, das Erstere aber Euch zum Nachverhalt und zur weiteren Verfügung bedeutet wird.

Und da hiernächst nicht unbekannt ist, daß die in hæresi betretenen Delinquenten den Halsgerichten bisher sehr namhafte Unkosten verursachten, wo doch derselben Arrestirung und Inquisitionsverführung hauptsächlich in incrementum fidei catholicæ et extirpationem hæresum angesehen ist, so haben Wir noch weiters gnädigst resolvirt, daß derlei Alimentations- und Gerichtsunkosten künftighin aus der pro incremento fidei gewidmeten cassa salis abgereicht werden sollen. Wessentwegen denn Wir unter heutigem dato an dasigen Erzbischofens Andacht das Gehörige erlassen, Euch aber aufgetragen haben wollen, der daselbst bestellten Fundationscommission mitzugeben, damit bei den haltenden Zusammentretungen hierauf reflectirt werde.

Da aber alle obigen Fonde zur Bestreitung der diesfälligen Malefizspesen nicht erklecklich wären, so solle einem jeden Gerichte freistehen, dazu noch andere Fonde vorzuschlagen, um gestalten Dingen nach sodann auf fernere Vorkehrungen reflectiren zu können.

Welchemnach Ihr diese Unsere allergnädigste Resolution quoad passus concurrentes theils zur Publication zu bringen, theils hiernach die weitere Vorkehr- und Verfügung zu machen habt.

IX.

Hofrescript vom 19. Dezember 1752, an die königliche Appellationskammer in Prag und das königliche Amt in Schlesien.¹)

Wir Maria Theresia etc. Liebe Getreue! Es ist Euch erinnerlich, wasmaßen vermöge der von Uns ausgemessenen Agendorum, den Justizstellen die Besorgung jener Criminalien anvertraut worden, so nicht in Statum publicum oder in die Regalia principis einschlagen.²) Nachdem aber verschiedene Differentien sich zeithero geäußert, ob dieses oder jenes delictum in statum publicum einschlage, mithin ob die diesfällige Criminalverfahrung zu den respectiven Criminalgerichten oder zu den die Publica et Politica zu besorgen habenden Stellen gehören, als sind Wir zur Behebung aller diesfälligen sich geäußerten und ferners ergeben mögenden Anstände und damit anodurch die Verführung solcher Criminalien nicht verzögert werde, bewogen worden, auch respectu der in Statum publicum einschlagenden Criminalvorfallenheiten, nachfolgendes Regulativum zu statuiren, daß in den in Statum publicum einschlagenden Criminalien Unsere königliche Repräsentation und derselben Subordinirte, die Delinquenten handfest machen lassen, zu dem Ende alles Erforderliche vorkehren, wider die Verbrecher und an dem Verbrechen theilhabende Personen die summarische Untersuchung vornehmen, sodann aber die ganze Sache zur Verfahrung des ordentlichen Criminalprocesses und Fällung des Urtheils (es möge hernach auf eine Todes- oder nur auf eine arbitrarische Strafe ankommen), den respectiven betreffenden Stellen oder Criminalgerichten, nach eines jeden Landes vorheriger Verfassung

---

¹) Diesem Hofrescripte gingen die denselben Gegenstand betreffenden, an sämmtliche Repräsentationen und Kammern gerichteten Verordnungen vom 23. September und 29. November 1752 voraus.

²) Es ist die a. h. Resolution vom 30. Januar 1751 gemeint, welche in meiner Geschichte der obersten Justizstelle auf S. 316 ff. abgedruckt ist.

in Criminalsachen, übergeben solle; doch wird die betreffende Stelle oder das Criminalgericht gehalten sein, das abgefaßte Urtheil vor dessen Publicirung sammt den Inquisitionsacten der königlichen Repräsentation zur Einsicht, ob selbe ratione publici in re vel in tempore executionis etwas dabei zu erinnern habe, zu communiciren, massen es zuweilen die Umstände erheischen, daß die Execution ad statuendum exemplum sobald nur möglich für sich gehe, zuweilen hingegen, daß solche um das Uibel nicht zu vergrößern, einige Zeit verschoben werde, bis man etwa die erforderliche Miliz oder andere Mittel bei Handen habe, in welchem Falle, da etwas dabei zu erinnern wäre, wird die königliche Repräsentation solches an seine Behörde ohne einigen Zeitverschub zu melden, zugleich aber auch darüber die Anzeige an Uns, zu Handen Unseres Directorii in Publicis zu machen haben, damit Wir in Sachen informirt seien und allenfalls, wenn die Repräsentation mit der betreffenden Stelle oder Criminalinstanz nicht einer Meinung werden könnte, das etwa noch Erforderliche in tempore anzuordnen wissen mögen, wo übrigens Wir Uns vorbehalten haben wollen, in nöthig findendem Falle judicia delegata aufzustellen. Damit nun aber aller weitere diesfällige Anstand und Zweifel gehoben sei, so erklären Wir hiemit ausdrücklich, daß sub denominatione der in Statum publicum directe einschlagenden Verbrechen allein nachstehende crimina verstanden sein sollen, nämlich: das crimen lesae majestatis, tumultus, seditionis, haereseos, concitationis seu sedutionis in materia religionis, emigrationis turmatim secutae non autem unius alteriusve subditi, crimen plagii oder falsche Werbung, falsae monetae und einer durch herumvagirende Mordbrenner erfolgten Anzündung nicht aber durch ein oder anderen bösen Menschen nur einzelnweis angelegten Feuers, dann auch endlich einer in eodem districtu mehr als einmal ausgeübten Strassenräuberei, mithin fürseienden wahren Unsicherheit des Landes, nicht aber wenn nur eine Räuberei, obschon auch auf öffentlicher Strasse einmal von einem oder anderen und keiner ordentlichen Räuberbande begangen worden und also derentwegen eben nicht gesagt werden mag, daß die Strassen hiedurch unsicher gemacht worden seien. Auf vorspecificirte, in Statum publicum directe einschlagende delicta also allein, wollen Wir das oben erwähnte Regulativum und dessen Befolgung verstanden haben, jedoch versteht es sich von selbst, daß in jenen Vorfallenheiten, wo ein Standrecht gesetzmäßig vorgeschrieben worden, die Einschickung der Acten an Unsere königliche Repräsentation ante executionem nicht statthabe. Was hingegen das, wiewohl auch in Statum publicum einschlagende Verbrechen der Deserteursverhehlung oder Beförderung (der Desertion) anbelangt, diesfalls lassen Wir es fernerhin bei demjenigen modo procedendi bewenden, welcher respectu dergleichen Delinquenten unterm 22. Februar 1751 besonders vorgeschrieben worden.[a]) Ihr habt solchemnach, wie Unser gnädigster Befehl hiemit ist, Euch nach obgemeldten Regulativo und dessen Erklärung zu achten, auch darüber das Weitere gehörig zu verfügen.

X.

Hofrescript vom 11. August 1762, an die königl. Appellationskammer in Prag gerichtet.

Maria Theresia etc. Liebe Getreue! Mit den in der Klaus- und Görner'schen Criminal-Angelegenheit unterm 18. Februar und 7. Juli dieses Jahrs an Euch erlassenen Resolutionen, ist Euch zugleich bedeutet worden, daß dergleichen wichtige, das Publicum so sehr intressirende Processe von Euch unmittelbar abzuführen seien. Gleichwie aber

---

a) Dieser umständliche, durch das Hofrescript v. 22. Februar 1751 geregelte modus procedendi war folgender: Wurde ein Deserteurs-Verhehler oder überhaupt Jemand, welcher der Desertion mit Rath und That Vorschub geleistet hatte, entdeckt und angehalten, dann war es zunächst Sache der Kreishauptmannschaft, n. 3. wenn thunlich unter Zuziehung eines Officiers vom nächstgelegenen Regimente, den Beschuldigten summarisch zu vernehmen, das Verhörsprotokoll aber an die königliche Repräsentation und Kammer einzusenden. Letztere delegirte sohin zur ordentlichen Inquisition dasjenige Halsgericht, in dessen Bezirke der Thäter inhaftirt war, worauf dieses nach durchgeführter Untersuchung die Acten durch die Repräsentation und Kammer an den Consessum in causis summi Principis et commissorum leitete. Erachtete der Conseß, daß die Todesstrafe zu verhängen sei, so mußte der Erhebungsact an die böhm. Appellationskammer zur Fällung des Todesurtheiles eingeschickt, und woferne diese Anstand nahm ein solches Erkenntniß zu schöpfen, dem Directorium zur Entscheidung vorgelegt werden. In den Fällen, welche nicht ad poenam mortis qualificirt erschienen, fällte der Consessus das Urtheil; mit der Execution war in allen Fällen das Halsgericht betraut. Gnadengesuche waren im Wege der Appellationskammer oder des Consesses an die oberste Justizstelle, beziehungsweise das Directorium behufs Einholung der a. h. Resolution zu richten. (Archiv des k. k. oberst. Gerichtshofes Fasc. Acta bohem. Z. 2563.

weder in dem einen noch anderen Rescript jene crimina specificirt worden, über welche Ihr die Inquisition selbst zu führen habt, also und damit Ihr nicht etwa alle crimina, so in das publicum einschlagen, ohne Unterschied in die Untersuchung nehmt, erklären Wir hiemit weiters, daß besagt Unsere beiden Verordnungen nur auf nachstehende crimina, als:

Erstlich das crimen lesae Majestatis und was dahin einschlaget, nämlich Rebellion und öffentlicher Aufruhr, Zusammenschwörung, Vergatterung, Landes-Verrätherei, Landes-Friedenbruch, falsche Münzung, wissentliche Ausgebung falschen oder Beschneidung guten Geldes;

anderten s das crimen haereseos, nicht zwar in Particular-Fällen, sondern in jenen casibus, wann nach Maßgabe der unterm 24. April 1754 ergangenen Erläuterungs-Resolution ein Theil von Gemeinden in dieses Laster verfiele oder eine öffentliche Aufwieglung und gemeine Verführung zum Abfall von der katholischen Religion mit unterliefe;

drittens das delictum emigrationis turmatim secutae;

viertens das crimen plagii oder falsche Werbungen und endlich

fünftens, wenn Rotten von Straßenräubern, Mordbrennern oder Vergiftern der Brunnen und Weiden, im Land herumschwärmten und insgesammt oder ein Theil davon zu Stande gebracht würden — zu verstehen seien.

In diesen gleich specificirten criminibus allein habt Ihr mithin die Inquisition unmittelbar zu verführen, folgsam hiernach auch das Gehörige vorzukehren. Wo hiernach Euch nach Anleitung des Rescripts vom 7. Juli letzthin bevorbleibt, den Umständen nach auch in diesen criminibus die Inquisition in loco delicti durch erfahrene Criminalisten per delegationem abführen zu lassen. Übrigens lassen Wir es in jenen Vorfallenheiten, wo ein Standrecht gesetzgebig vorgeschrieben worden, bei denen des standgerichtlichen Verfahrens halber vorhin erlassenen Verordnungen noch fernerhin bewenden.

Archiv des k. k. Justiz-Ministeriums, Pat.-Sammlung fasc. M, 3. 4881. Sammlung der Verord. und Gesetze aus d. Jahren 1740—1780. Bd. I, S. 135.) Die Strafbestimmungen rücksichtlich der eben erwähnten Delicte enthält das auch im Codex austr. (V, S. 556 ff.) aufgenommene allgemein kundgemachte Patent vom gleichen Datum.

XI.

Bericht des Grazer Bannrichters Dr. Carl Rieger de pr. 7. Juli 1763, über die bei den steierischen Banngerichten beobachtete Procedur.

(Der innerösterr. Regierung erstattet.)

Betreffend den modum procedendi, sind wir landesfürstliche Bannrichter auf die unterm 22. Mai 1726 ergangene Allerhöchste Hof-Instruction ut Art. 2 et 25 allergnädigst angewiesen, und was solcher abgehet haben wir nach der steirischen peinlichen Landgerichts-Ordnung, insoweit solche üblich und durch allergnädigste Resolutiones in ein- und anderem nicht gebunden worden, darnächst aber nach der Carolinisch- und Ferdinandäischen Halsgerichts-Ordnung und diesfalls ergangenen landesfürstlichen Resolutionen und was in Supplementum et Subsidium die gemeinen Rechte an die Hand geben, zu judiciren. Von dieser allergnädigsten Instruction hingegen ist es insoweit abgegangen worden, daß wir Bannrichter nicht mehr von selbst mit Beiziehung der Assessoren in dem Landgericht, allwo der Process ventiliret worden, das Urtheil fällen und alsobald ad executionem bringen können, sondern geschieht die Manipulation quoad formam extrinsecam processus sogestaltig:

Der Landgerichts-Verwalter, welcher in seiner Jurisdiction den Delinquenten eingefangen oder von den Burgfriedern übernommen, schicket das von ihm abgeführte landgerichtliche Examen una cum indiciis ad capturam et inquirendum an diese hochlöbliche Stelle [1]) ein, hochdieselbe ertheilet an uns nach Befund der Sachen die gnädige Verordnung in Kraft allegirter Instruction Art. 3, daß wir uns ad locum verfügen, den Process bono ordine abführen und hierüber solchen sammt der Relation und abgefaßten Urtheil cum rationibus decidendi ad approbandum vel reprobandum einreichen sollen. Nach solcher erhaltenen Verordnung habe ich als Bannrichter in Untersteier vor meiner Abreise mich bei Seiner Excellenz dem innerösterreichischen Herrn Statthalter, dann dem Herrn Kanzler, in deren Abwesenheit aber bei derenselben

---

[1]) Innerösterr. Regierung.

gnädigen Amtsverwaltern persönlich zu melden um zu wissen, wo ich im erforderlichen Falle anzutreffen sei. Wornach bei Ankunft in das Landgericht mir gleich anfänglich oblieget, in Kraft Art. 5 dictæ Instructionis die carceres zu visitiren, in was Stand die Delinquenten sich befinden und ob selbe genug bewahret auch mit hinlänglicher Kost versehen seien und ob solche carceres nicht mehr ad excruciandos quam detinendos delinquentes seien. Da lieget mir auch ob die Landgerichts-Protocolla einzusehen. Dann führe ich wider den Delinquenten im Beisein des bei mir habenden geschworenen Banngerichts-Schreibers und zweier von dem nächsten Markt oder der nächsten Stadt genommener geschworener Rathsmänner wann solche leicht zu haben sind, in Abgang deren aber anderer zweier ehrlicher Männer qua Assessoren das banngerichtliche examen articulatum ab, welches durch gedachten Banngerichts-Schreiber in das gebundene und jederzeit mit sich führende Protocollum de verbo ad verbum eingetragen wird. Das Certificatum et corpus delicti erhebe ich selbst in dem Landgericht mittelst juratorischer Constituirung der Gezeugen und Damnificatorum, wenn diese nicht gar weit entfernt und die persönliche Stellung ohne große Unkösten der Partheien geschehen kann; in letzterem Fall wird von mir an die Jurisdicenten geschrieben, daß selbe in subsidium justitiae vindicativae die unter ihrer Jurisdiction befindlichen Partheien über die aus dem Protocoll extrahirte Aussage jurato constituiren und das Constitutum in forma probante einschicken sollen, welche Constituta anwiederum in das Banngerichts-Protokoll nachgetragen werden.

Wann also der Process geschlossen, der Inquisit um seine Defensionalien befraget, darüber gehöret, seine ganze Aussage ihm nochmalen vorgelesen worden und er solche ratificiret hat, so wird der ganze Process sowohl respectu inquisiti als auch deren complicum sammt den constitutis juratis aus dem Banngerichts-Protocoll abgeschrieben und solcher Protocolls-Extract sammt den eingeschickten auswärtigen Original-Certificaten und instrumentis delicti an diese hochlöbliche Stelle sammt der hierüber erstatteten Relation und abgefaßten Urtheil una cum rationibus decidendi ad approbandum vel reprobandum eingereicht, und zwar in omnem casum tam sententiæ interlocutoriæ ad torturam vel sententiæ definitivae, tum absolutionis, tum condemnationis.

Nach solchen eingereichten Process habe ich das gnädig gefällte Urtheil zu erwarten und wenn solches vielleicht in casu ad torturam ausgefallen,²) verfüge ich mich wiederum nach solch erhaltener gnädiger Verordnung in das Landgericht, wozu auch der Freimann berufen wird und lasse nach Vorschrift der ergangenen Verordnung die Tortur durch den geschworenen Freimann in Gegenwart meiner, der Assessoren und des Banngerichts-Schreibers vollziehen.

Hierlands ist aber langhergebrachter Gewohnheit nach die Intercalar-Tortur mit den Schnüren üblich,³) welche in das ganze, drei viertel, halbe und ein viertel Band abgetheilt wird und nur in der Zeit, dann Ueberlegung der Schnüre unterschieden ist, maßen das ganze Band eine Stunde, das drei viertel Band drei viertel Stunden, das halbe eine halbe und das viertel Band eine viertel Stunde dauert, die Ueberlegung aber alle halbe viertel Stund geschieht. Diese Tortur wird secundum gravitatem delicti et indiciorum, dann secundum habilitatem corporis moderirt, so daß man auf das ganze Band cum divisione, auf drei viertel oder das halbe Band, wie auch zu Zeiten nur auf ein viertel Band sine vel cum reservatione ulterioris gradus den Delinquenten zu condemniren pflegt.

Nach vorgekehrter Tortur erstatte ich wiederum mittelst Beischließung des Protocolls-Extracts meine Relation, füge das weitere Urtheil cum rationibus decidendi bei und erwarte hierüber die weitere gnädige Verordnung. In sententiis definitivis aber, wenn solche pœnam sanguinis nicht enthalten, sondern nur aliquam aliam corporis afflictivam involviren oder aber die absolutionem denotiren, wird von landesfürstlichen Banngerichts wegen an den Landgerichts-Verwalter das Decretum mit Beischließung in copia der hochlöblichen Regierungs-Verordnung pro publicatione et executione sententiae zugefertigt. In pœnis mortis ist aber des Bannrichters Obliegenheit in Kraft Instructions-Art. 11, daß er der Execution persönlich beiwohne, dahero sich selber in das Landgericht begibt, daselbst den Delinquenten seiner vorigen Aussage erinnert und ihm den Tod in genere in Gegenwart etlicher Assessoren ankündet und zugleich pro bono animæ einen Geistlichen zugibt, wann hingegen aber der arme Sünder einen andern Geistlichen begehrt und solcher zu bekommen ist, wird ihm auch selbiger zugelassen. Den dritten

---

²) Beiurtheil.
³) Bei der unter dem Namen Schnürung üblichen Torturart, wurden dem Inquisiten die Hände bis zu den Ellbogen mit Stricken umwickelt und heftig zusammengezogen. Sie erscheint auch noch in der Theresiana beibehalten und ist dort Beil. III, S. XIX näher beschrieben.

Tag darauf wird um 9 Uhr Vormittag die öffentliche Schranne gehalten, wobei der Bannrichter mit 12 Beisitzern erscheint; alldort wird durch den Banngerichts-Schreiber das Volk zum Frieden und Stillschweigen ermahnt, darauf der Delinquent in die Schrannen vorgeführt, ihm sein Verbrechen öffentlich nochmals vorgelesen und von ihm bestätigt. Alsdann votiren pro forma extrinseca propter populum die Beisitzer in Conformität des ergangenen Regierungs-Urtheils, welches ihnen zu dem Ende schon vorhin kundgemacht worden, worauf die Sentenz durch den Banngerichtsschreiber publicirt, der Delinquent dem Freimann in seine Hand und Banden übergeben, das Gerichts-Stäbel gebrochen et in loco supplicii, in Gegenwart des Bannrichters, das Todesurtheil exequirt wird.

XII.

Pragmatical-Sanction wegen Restringirung der Halsgerichte und Dotirung des fundi criminalis in Böhmen.

(An die königl. Appellationskammer in Prag.)

Maria Theresia etc. Liebe Getreue! Es sind über den Gegenstand, welchergestalten Unsere böhmischen Halsgerichte in eine bessere Verfassung zu setzen wären, die abgeforderten Berichte von den sämmtlichen Behörden eingelangt und ist Uns hierüber der Hauptvortrag erstattet worden.[1])

Nachdem es nun hierinfalls hauptsächlich auf folgende drei Fragen ankommt:

Erstlich: was für eine aus den verschiedenen Halsgerichts-Einrichtungen als die tauglichste für das Königreich Böhmen vorzügig zu erwählen;

andertens: was für ein Geldaufwand zur Ausführung des zu erwählenden Systematis erforderlich und wie ein solcher am thunlichsten aufzubringen sei, und

drittens: was zur standhaften Befestigung des Werkes für anderweitige Maßregeln vorzuschreiben wären, als haben Wir Euch Unsere hierüber gefaßte allerhöchste gesetzgebige Entschließung zur künftigen Richtschnur und allergehorsamsten Nachverhalt hiemit kund machen wollen. Und zwar auf

die erste Frage

haben Wir aus den Uns beigebrachten gar erheblichen Beweg-Ursachen allergnädigst begnehmigt, daß die in Unserem Markgrafenthum Mähren eingeführte und bis nunzu mit guter Wirkung bestehende Norma vor anderen zum Grund zu

Auf die erste Hauptfrage wird die Mährische Einrichtungsart begnehmigt, kraft deren die schlecht bestellten Halsgerichte zu reduciren kommen.

---

[1]) Es ist dies der auf S. 26 erwähnte Vortrag der Compilationscommission vom 12. Februar, beziehungsweise 8. März 1765.

nehmen, somit nach dessen Beispiel auch in Böhmen die schlecht bestellten und zur Ausübung des Blutbanns derzeit untüchtig befundenen Halsgerichte in die Ruhe zu versetzen seien. Wir ordnen demnach, daß in Unserem Königreich Böhmen — außer den vier Prager Städten, der Stadt Eger und dem akademischen Magistrate, welche wie vorhin zum Blutbann berechtigt verbleiben — von allen übrigen dermaligen Halsgerichten für das künftige nur allein nachstehende, als die tauglichsten meistentheils in Kreis-Städten gelegenen 24 Gerichts-Örter zur Verwaltung des juris gladii sollen beibehalten werden, benanntlichen:

Die 4 Prager Städte, die Stadt Eger und der akademische Magistrat verbleiben bei ihrer vorigen Blutbann-Gerechtigkeit —

aus allen übrigen Halsgerichten werden 24 auserkiesen, welche bei der Verwaltung des juris gladii zu erhalten sind.

Im Königgrätzer Kreise gleichen Antheils (wo 50 Halsgerichte), die Kreis-Stadt Königgrätz und die Königliche Stadt Trautenau;

im Königgrätzer Kreise Bidschower Antheils (wo 25 Halsgerichte), die Kreis-Stadt Bidschow und die Trautmannsdorfische Dominical-Stadt Gitschin;

im Chrudimer Kreise (wo 14 Halsgerichte), die Königliche Kreis-Stadt Chrudim;

in dem Czaslauer Kreise (wo 18 Halsgerichte), die königliche freie Bergstadt Kuttenberg;

im Kaurzimer Kreise (wo 17 Halsgerichte), die königliche Kreis-Stadt Kaurzim;

im Rakonitzer Kreise (wo 17 Halsgerichte), die Königliche Kreis-Stadt Rakonitz;

im Berauner Kreise (wo 18 Halsgerichte), die Königliche Kreis-Stadt Beraun;

im Saazer Kreise nämlichen Antheils (wo 29 Halsgerichte), die königliche Kreis-Stadt Saaz und die königliche Stadt Brüx;

im Saazer Kreise Elbogner Antheils (wo 54 Halsgerichte), die königliche Kreis-Stadt Elbogen und die Kokorzowetzische Dominical-Stadt Cubitz;

im Leitmeritzer Kreise (wo 39 Halsgerichte), die königliche Kreis-Stadt Leitmeritz und die königliche Stadt Aussig;

im Bechiner Kreise Taborer Antheils (wo 28 Halsgerichte), die Kreis-Stadt Tabor und die königliche Stadt Pilgram;

im Bechiner Kreise Budweiser Antheils (wo 13 Halsgerichte), die königliche Stadt Böhmisch-Budweis;

im Prachiner Kreise (wo 19 Halsgerichte), die königliche Kreis-Stadt Pisek;

im Pilsner Kreise gleichen Antheils (wo 27 Halsgerichte), die Kreis-Stadt Pilsen und die königliche Stadt Mieß;

im Pilsner Kreise Klattauer Antheils (wo 14 Halsgerichte), die Kreis-Stadt Klattau;

endlich im Bunzlauer Kreise (wo 36 Halsgerichte), die königliche Stadt Jung-Bunzlau und die königliche Stadt Nimburg.

Und gleichwie also durch solch Unsere gesetzgebige Anordnung, alle übrigen Halsgerichte in die Reduction verfallen, so wollen Wir, daß selbe fürohin von Ausübung des Blutbannes sich zu enthalten, die bei ihnen eingebrachten Delinquenten aber, sobald es möglich, allemal an das nächstliegende, bei der Verwaltung des juris gladii verbleibende Halsgericht auf ihre eigenen Unkosten einzuliefern haben, dagegen zu ihrer großen Erleichterung in Hinkunft nicht nur von der Criminal-Arbeit entlediget, sondern auch nach geschehener Einlieferung des Thäters von allen weiteren Azungs- Gerichts- und Executions-Unkosten zwar befreit, jedoch einen ganz mäßig jährlichen Beitrag ad fundum criminalem zu entrichten verbunden, anbei denselben ihr dermalen nur zu quiesciren habendes jus gladii vorbehalten bleiben, auch während der Quiescenz ihnen gleichwohl noch eine etwelche Activität in Criminal-Vorfallenheiten beigelassen werden und eben zu solchem Ende dieselben ihre derzeit habenden Kerker forthin im baulichen Stand zu erhalten schuldig sein sollen, alles auf Art und Weiß, wie hinnachfolgend ausführlicher wird geordnet werden.

In Ansehung der bei der Verwaltung des Blutbannes obbemeltermaßen erhaltenen Halsgerichte geht Unsere gerechteste Absicht und Verordnung dahin, daß jedwede solche zur

In was für einer Beschaffenheit die reducirenden Halsgerichte sich hinkünftig befinden werden?

Die verbleibenden Halsgerichte müssen mit einem rechtserfahrenen Syndico und einem Criminal-Assi-

stenten verfehen und beibe diese bei dem Obergericht geprüft sein;

fernerweiten Ausübung des juris gladii auserfehene Stadt, nicht nur allemal mit geschickten, von Unserer Halsgerichts-ordnung eine gute Kenntniß habenden Rathsmännern solle verfehen fein, fondern auch, und zwar hauptfächlich, daß jede derfelben einen tauglichen, in jure et praxi wohlerfah-renen und obergerichtlich geprüften Syndicum forthin unter-halte und überdies, damit der Letztere die vorfallenden Cri-minal-Arbeiten ohne Abgang zu beftreiten im Stande fein möge, bei jedweder der vorbemelten Städte das tüchtigfte Mitglied ex gremio magistratus, fo fich ebenfalls der ober-gerichtlichen Prüfung zu unterziehen hat, ausgewählt werde, welches dem Syndico an die Hand ftehen, allenfalls auch die Examina aufnehmen und überhaupt die Criminal-An-gelegenheiten und die darüber abzufaffenden Berichte beforgen helfen folle, auf daß folchergeftalten die Gott gefällige Ju-ftizpflege in peinlichen Sachen aller Orten in ihren ganz unbehindert fchleunigen und ordnungsmäßigen Fortlauf ge-fetzt werde.

dagegen fie von dem Beitrage ent-hoben, auch wegen der ex jurisdic-tione vicaria ent-ftehenden Crimi-nal-Unkoften ent-fchädigt werden.

Den zu folch wichtiger Criminal-Verrichtung von Uns beftimmten Gerichts-Orten, wachfen zwar durch die Reduci-rung der übrigen Halsgerichte mehrere Arbeiten zu, dagegen fie das befondere Vorzugsrecht und die Ehre einer für unfer Königreich Böhmen auserkiefenen Blutgerichts-Stadt genießen, beinebenft, wie billig, von dem Beitrage zu dem Criminal-Fundo allerdings enthoben bleiben und überdies nicht nur ihren Syndicis und derfelben Mitgehilfen der hier unten beftimmte Befoldungsbeitrag ex publico zugeht, fon-dern auch den Halsgerichten zu ihrer gänzlichen Entfchä-digung die wegen allerwegen zugefchobenen fremdartigen De-linquenten ex jurisdictione vicaria entfpringenden Atzungs-, Gerichts- und Executions-Unkoften, wie Wir hiemit gnädigft verordnen, aus dem Criminal-Fundo hinwiederum nach jeg-licher vollführten Malefiz-Verhandlung praevia tamen liqui-datione unaufhältlich vergütet werden muß.

Wie es mit den dermaligen Syn-dicis, welche fchon ehebevor bei ihrer Behörde geprüft worden, zu halten fei?

Wie erft vorher gemeldet worden, muß bei jeder Blutgerichts-Stadt fowohl der Syndicus als das demfelben zur Beihilfe zu gebende Raths-Mitglied, um von ihrer Taug-lichkeit vergewift zu fein, bei dem Obergerichte vorher examinirt worden sein. Nachdem aber besage der mit Euerem erften Bericht eingelangten Criminal-Tabellen vorgekommen, daß mehrere der bei den obbeftimmten Blutgerichts-Städten sich dermal befindenden Syndicorum allschon ihrer Tüchtigkeit halber bei ihrer Gerichtsbehörde geprüft worden sein sollen, so wollen Wir jedoch um mehrerer Sicherheit willen den verbleibenden 24 Halsgerichten hiemit gemessen auferlegt haben, ihre Syndicos dahin anzuweisen, daß sie sich ihrer angeblichen Prüfung halber bei Euch, als Obergericht, ungesäumt ausweisen, allenfalls aber sich ad subeundum examen, wovon hier unten der nähere Unterricht folgen wird, unverlängt persönlich stellen und, da sie nach einer ihnen vorläufig zu ihrer Vorbereitung anberaumend hinlänglichen Zeitfrist untauglich befunden wurden, anstatt ihrer andere erfahrene Syndici angeftellt, künftighin aber Niemand, ehe und bevor er nicht ordentlich geprüft worden und seiner Fähigkeit halber die obergerichtliche Prüfungsurkunde aufzuweisen vermag, zu der bei einer wirklichen Halsgerichts-Stadt in Erledigung kommenden Syndicats-Stelle angenommen werden solle.

Da Wir nun nach der Wichtigkeit der Sache solche Syndicats-Stellen, wie ingleichen das Criminal-Mitgehilfen-Amt mit geschickten und rechtserfahrenen Subjectis besetzt wissen wollen, so erheischt auch Recht und Billigkeit, daß denselben zu ihrer gebührenden Belohn- und Aneiferung ein auskömmlicher Unterhalt verschafft werde, zu welchem Ende Wir denn hiemit gnädigst verordnen, daß einem jeden dieser Syndicorum, nebst seiner vorher von Seite des Gerichts-Standes genießenden Besoldung, Deputat und Accidentien noch weiters für die Criminal-Arbeiten, und zwar gleich anfänglich, bis der Criminal-Fundus zu mehreren Kräften kommt, eine jährliche Besoldungs-Beilage per Einhundert fünfzig Gulden, dem Criminal-Mitgehilfen aber auf vorbesagte Art jährlich fünfzig Gulden ex fundo criminali zu entrichten seien, mit der weiteren allermildeften Vertröstung, daß sie mit der Zeit bei Anwachsung des fundi criminalis einen noch größeren Gehalts-Auswurf zu gewärtigen haben. Annebenft wollen Wir Euch auch dieses eingeräumt haben,

Beftimmung des Befoldungsbeitrages für die Syndicos und Criminal-Assistenten.

daß jenen falls, wenn ein Syndicus oder ein ad criminalia beihilflich anwendender Rathsmann, in besonderen Malefiz-Begebenheiten sich außerordentlich distinquiret oder bewandten Umständen nach mit gar vielen Criminalien und besonderen Mühewaltungen belastet worden ist, zugleich aber seine Verrichtungen zu Nutzen des Publici rühmlich vollführt hätte, auf solchen der Sachen Befund bei Uns von Euch die Anzeige ex officio gemacht werden könne und solle, damit wir einem solchen sich besonders hervorgethaenen Subjecto eine nach dessen Verdienst abgemessene Extra-Remuneration ex fundo criminali allergnädigst anweisen mögen.

Aus dem, was vorgehends geordnet worden, ist schon überhaupt wohlbegreiflich abzunehmen, in was für eine Verfassung Wir Unsere böhmischen Halsgerichte zu versetzen allergnädigst gewillt seien und werden hier unten die weiters erforderlichen Maßregeln nachfolgen, mittelst welcher Wir diese auf das allgemeine Beste abgezielte Einrichtung standhaft zu befestigen befunden haben. Zumal aber auf

die andere frage

Auf die andere Hauptfrage wegen des nöthigen Unkosten-Aufwandes —

zur Emporbringung und fortwierigen Handhabung dieses heilsamen Einrichtungswerkes unumgänglich nöthig ist, daß der hiezu erforderliche Unkosten-Aufwand herbeigeschafft und forthin bestritten werden möge, so haben wir hiebei zuvörderst auf dessen Betrag, wie hoch sich nämlich derselbe jährlich belaufen möge, den vorläufig gnädigsten Bedacht genommen und in dessen Rücksicht sonach einen hinreichend beständigen Fundum criminalem nachstehender massen ausgewiesen, zugleich auch die Fürsorge dahin getragen, damit auf alle nicht vorsehen mögende Vorfälle ein etwelcher Ueberschuß bei der Criminalcassa in Vorrath verbleibe.

hat weder die Einlieferung der Delinquenten noch die Kerker-Reparationen dem fundo criminali zur Last zu fallen.

Den ersten Passum wegen des erforderlich jährlichen Unkosten-Aufwandes belangend, hat weder die Einlieferung der fremdartigen Delinquenten zum Halsgerichte, weder eine Kerker-Erweiterung oder deren Reparation dem fundo criminali zur Last zu fallen. Denn die erstere liegt den Obrigkeiten oder Gemeinden ob, wo selbe eingebracht worden, oder dieselbe wird bewandten Umständen nach von den Kreishauptleuten veranlaßt und zwar allemal auf Unkosten Derjenigen, welche die Einlieferung zu besorgen haben; die Kerkererweiterung aber bedarf gleichfalls keines besonderen Aufwandes ex fundo criminali, anerwegen die gesammten Halsgerichte ihre dermal habenden Frohnvesten wie vorhin, so auch fürs Künftige im baurechten Stand zu erhalten schuldig sind, jenenfalls aber, wo wegen Zusammentreffung vieler Delinquenten bei dem in activitate verbleibenden Halsgerichte, nicht alle zu gleicher Zeit untergebracht werden könnten, die nicht Platz findenden inmittelst bei einem reducirt nächst liegenden Halsgerichte, jedoch gegen Ersetzung der ihnen andurch verursachenden Criminal-Unkosten, wohlverwahrlich aufzubehalten, auch nöthigen Falls von dem in activitate verbleibenden Halsgerichte daselbst die Inquisition vorzunehmen ist, wovon hier unten gehörigen Orts die nähere gesetzgebige Ausmessung erfolgen wird.

Der ganze jährliche Unkostenaufwand, welcher zur Unterstützung dieses Einrichtungs-Werkes nöthig ist, beschränkt sich demnach auf nachfolgende 4 Ausgabs-Posten:

Erstlich auf jene Criminal-Unkosten, welche den wirksam verbleibenden 24 Halsgerichten wegen der ihnen zugeschobenen anderortigen Delinquenten als eine ex jurisdictione vicaria entspringende Auslage hinwiderum ex fundo criminali zu ersetzen und nach der geschehenen Ausrechnung überhaupt auf jährliche . . . . 6.000 fl. anzurechnen sind;

zweitens der Besoldungsbeitrag, welcher obangeordnetermassen den 24 Syndicis jedem mit 150 fl., zusammen mit . . . . 3.600 fl.

drittens den 24 Criminal-Mitgehilfen, jedem mit 50 fl. zusammen mit . . . . 1.200 fl. jährlich zu entrichten kommt, folglich in allen drei Posten sich auf . . . . 10.800 fl. belauft; wo endlich

viertens auch auf die außerordentlichen Verausgabungen der vorsichtliche Bedacht zu nehmen ist, zum Beispiel da eine oder die andere Ortschaft aus was immer

Berechnung der ex fundo criminali zu bestreiten kommenden Unkosten.

für einem Zufall mit dem Beitrage im Rückstand verbliebe, oder da ein oder dem anderen Syndico oder Criminal-Assistenten zur Belohnung seines besonderen Verdienstes oder besonderer Mühewaltungen auf Unsere allerhöchste Verwilligung eine Remuneration ex cassa criminali angeschafft wurde, sonderheitlich aber, wenn den ärmeren Städten, wo einige Erweiterung oder bessere Herstellung der Kerker vorzunehmen ist, der nöthige Beitrag abzureichen wäre, auf welche und andere dergleichen außerordentliche Vorfälle forthin ein etwelcher Ueberschuß und Vorrath bei der Cassa zu verbleiben hat.

Hiezu wird ein fortwieriger Fundus ausgemessen

Nachdem also erstangeführter massen der gesammte Betrag der ex cassa criminali jährlich zu bestreitenden Criminal-Unkosten ausgewiesen worden ist, so will es nunmehr auf die Bestimmung eines fortwierigen und sicheren fundi criminalis ankommen, wobei Wir um guter Ordnung willen nöthig finden, die alten von den neuen Criminal-fundis abzusondern, somit zuvörderst die alten pro fundo criminalium gewidmet gewesenen Adminicular-Aushilfen zu reguliren und auf einen festen Fuß zu setzen, sonach die neuen fundos zu standhafter Emporbringung dieses heilsamsten Werkes allermildest anzuweisen.

und die vorherigen Adminicular-Aushilfen dahin einverleibt;

Belangend die alten Adminicular-Aushilfen, so sind zwar durch vorherige Resoluta dieselben in unseren böhmischen Landen meistentheils zu dem Ende bestimmt gewesen, damit aus solchen eingehenden Geldern den Halsgerichten die Criminal Unkosten, welche sie auf die ex delictis publicis eingebrachten Delinquenten verwendet haben, wieder vergütet werden mögen. Zumal aber der Hals- oder Landgerichts-Inhaber ob commodum jurisdictionis alle Criminalkosten, so bei seinem jure proprio exercirenden Gerichtsstande aufgehen, indistinctim von allgemeinen Rechts wegen zu tragen hat, so wollen Wir den bisher fürgewalteten Unterschied inter delicta aufgehoben, somit den Halsgerichten künftig keine Vergütung der ex jurisdictione propria gehabten Criminal-Unkosten gestattet, sondern die vorherigen Adminicular-Aushilfen zu dem dermaligen fundum criminalem publicum, um selben desto ergiebiger zu machen, hiemit eingezogen haben.

Was nun die Genußbarmachung der vorhinigen fundorum adminicularium per suas species anbetrifft, so wollen Wir unsere vorherigen Verordnungen folgendermaßen erläutert und zur künftigen Richtschnur vorgeschrieben haben, daß I^{mo} die ex commodo jurisdictionis herfließenden Strafgelder, dann

II^{do} die pœnæ temere litigantium und

III^{io} die durch Sammlung für die Gefangenen eingetriebenen Almosen den in exercitio verbleibenden Halsgerichten nur insoweit als solche von denselben beigetrieben werden, zuzuwenden seien, dagegen derlei Zugänge, insoweit sie bei den reducirenden Gerichtsorten eingehen, denselben zur leichteren Bestreitung der Beitragsgelder und sonstigen der Delinquenten halber (wie unten des mehreren folgen wird) zu tragen habenden Unkosten beigelassen werden sollen, diejenigen Strafgelder und pœnæ temere litigantium aber, so bei Euch und den übrigen höheren Landesstellen verhängt werden, ad fundum criminalem publicum eingezogen werden müssen, wobei annoch zu merken ist, daß falls an einem oder dem anderen Ort zur Sammlung des Almosens für die armen Gefangenen eben zur Zeit kein Delinquent vorhanden wäre, solche Almosen-Sammlung durch die Bürger und Inwohner des betreffenden Ortes von Haus zu Haus christmiltleidig fortgesetzt und dieselbe zur Ausübung dieses christlichen Werkes mit guter Art angeeifert werden sollen. Ferners ordnen Wir, daß

IV^{to} die septimæ litium in Zukunft lediglich dem fundo criminali publico zuzuwenden und den verfällten Parteien nicht mehr nachzusehen seien. Soviel hingegen die bisher ebenfalls pro adminiculo criminalium gewidmet gewesenen zwei folgenden Posten, nämlich

V^{to} die eine Hälfte der bei den Zünften eingehenden Strafgelder, dann

VI^{to} die für das Bürgerrecht zu erlegenden Taxgebühren anbelangt, so wollen Wir diese zwei Aushilfspecies hinwiederum aufgehoben und hiemit gestattet haben, daß die erstere, zumal selbe ohnedem von keiner Erträgniß, den ehehin entkräfteten Handwerkszünften, letztere aber, so ehebevor faft überhaupt in partem salarii eingerechnet sind, den Magistraten ohne allen Unterschied überlassen werden sollen.

Betreffend endlich

VII^{mo} die auf die Wilddiebe zu verwendenden Unkosten, so sind zwar die aus der Uebertretung der Waid-Ordnungs-Patente eingehenden Strafen hiezu gewidmet; ²) da aber die in diesem Verbrechen betretenen Leute meistentheils mittellos, folglich dieser Unkosten halber kein Ersatz anzuhoffen wäre, so wollen Wir, daß bei Abgang solcher Strafgelder die auf Wilddiebe aufgehenden Inquisitions-Unkosten allen anderen Criminal-Unkosten gleichzuhalten, folglich selbe pro diversitate jurisdictionis propriae vel vicariae entweder von der Halsgerichts-Obrigkeit zu tragen oder aus dem Fundo criminali zu ersetzen seien.

Bestimmung der neuen Zuflüsse ad fundum criminalem im Beitrage per 13.710 fl.

Um nun auf die neuen fundos vorzuschreiten, so finden Wir nach dem Beispiel der mährischen normae allerdings billig zu sein, daß die reducirenden Halsgerichte, welchen durch diese neue Einrichtung eine überaus große Erleichterung und Unkosten-Ersparung zufließt, zu einem etwelch' ganz mäßigen Beitrage zugezogen werden sollen. Wir wollen demnach die in die Ruhe verfallenden Halsgerichte, wegen des von ihnen jährlich zu leistenden Beitrages halber, Inhalt beiliegender Tabelle nach ihrem Vermögensstand in vier classes, nämlich die erste Classe auf 30 Gulden, die andere auf 22 Gulden 30 Kreuzer, die dritte auf 15 Gulden, dann die vierte und letzte auf 7 Gulden 30 Kreuzer hiemit allergnädigst ab- und eingetheilt haben.³)

Nachdem aber weder die obbemeldeten Adminicular-Aushilfsmittel, nämlich die poenae temere litigantium und

---

²) Wider Jagdfrevel und Wilddiebstahl waren in mehreren, seit der Regierungszeit Leopold I. erlassenen, 1746 republicirten Patenten, insbesondere in der Jägerordnung vom 31. August 1713 strenge Leibes- und Geldstrafen angedroht. Vergl. Weingarten's Codex Ferd. Leop. Jos. Carol. S. 709 ff. Schmidt v. Bergenhold a. a. O. S. 204.

³) Diese Eintheilung findet sich bei Schmidt von Bergenhold a. a. O. S. 276 ff. aus den Tabellen des Patentes v. 19. August 1765 abgedruckt und wir glauben daher von ihrer Mittheilung Umgang nehmen zu können.

die septimae litium, welche ein Jahr in das andere beiläufig . . . . 1.000 fl.
abwerfen, noch der erstbemeldete classificirte Beitrag, so sich nach Ausweis der vorberührten
Tabelle auf . . . . 4.710 fl.
belaufet, zur Bestreitung der Criminalerforder-
nisse hinreichend sind, so wollen Wir zur Herstellung eines erklecklichen Criminal-Fundi aus
allerhöchster Gnade noch weiters verwilligt haben, daß aus dem Camerali und dem Ban-
cali, von jedem jährlich 1000 Gulden, als
weshalben das Erforderliche bereits an seine
Behörde erlassen worden ist, zu dem Criminal-
Fundo in Böhmen abgegeben werden, um
solchergestalten für die Unkosten respectu der
zu inquirirenden Maut- und Salz-Schwärzer,
dann anderer Gefälls-Defraudanten den Ersatz
mit . . . . 2.000 fl.
zu leisten.
 Endlich wollen Wir auch aus dem Armen-Leut-Aufschlag von Cacao, Caffee und
Zucker¹) zu dem Criminal-Fundo in Böhmen 6.000 fl.
gewidmet haben, facit . . . . 13.710 fl.
deren an Euch zu geschehen habende richtig alljährliche Ab-
fuhr, und zwar einer Halbscheid mit Anfang Januar, der
anderen Halbscheid aber mit Anfang Juli jeden Jahrs
Wir Unserem daselbstig königlichen Gubernio allschon aufgetragen haben und woraus also sowohl die ordentlichen
als außerordentlichen Criminal-Nothdurften ganz füglich bestritten werden können.
 Wir befehlen anbei gnädigst, daß die allenfalls noch
verbleibende Ersparniß von Zeit zu Zeit bei den Ständen
verzinslich anzulegen sei, bis seinerzeit die Absicht erreicht
werden möge, sowohl die Syndicos und die Malefizassistenten
mit einem stärkeren Gehalte zu belohnen, als auch die Städte
hiedurch von dem Beitrage gänzlich zu befreien.

---

¹) Vergl. das auf S. 32 Bemerkte.

Der Beitrag von den Halsgerichten ist durch die Kreis-hauptleute einzutreiben,

Was übrigens die Eintreibung der Beiträge von den reducirten Halsgerichten anbetrifft, so wollen Wir, daß deren Einhebung von den Kreisämtern besorgt und der diesfällige Geldbetrag von den reducirten Halsgerichten bis Ende Juli jedweden Jahres zum betreffenden Kreisamte abgeführt, allenfalls mit executorischen Zwangsmitteln beigetrieben und sonach von den Kreisämtern, längstens mit Ende August jeden Jahres an Euch abgegeben werden solle.

der ganze Fundus aber von dem Obergerichte zu verwalten und jährlich zu verrechnen.

Wo annebst zur verläßlichen Verwaltung des Criminal-Fundi von Uns weiters hiemit verordnet wird, daß sowohl die Septimae litium et poenae temere litigantium, als alle übrigen hier oben von Uns allerhöchst neu verwilligten und etwa künftighin pro fundo criminalium allergnädigst verliehenen Aushilfsmittel, obschon selbe bei anderen unseren Ämtern und Gerichtsstellen eingehen, zu Eueren Handen als Obergericht zusammen zu fließen haben, daselbst in sicherer Verwahrung aufbehalten, hierüber ordentliche Rechnung in Einnahme, Ausgabe und dem verbleibenden Cassa-Bestand geführt und die diesfällige instruirte Berechnung mit Ende jeden gemeinen Jahres zu Unserer obersten Justizstelle eingesendet werden solle, zu welchem Ende Euch hiemit aufgetragen wird, daß Ihr einen standhaften Vorschlag, welchergestalten Ihr dieses Werk, sowohl wegen sicherer Verwahrung der Gelder, als wegen der Rechnungsmanipulation und Anstellung des nöthigen Personals einzuleiten gedenkt, mittelst Eueres gutächtlichen Berichtes förderfam anher abzustatten habt.⁵) Hiernach kommt es endlich auf die

dritte Frage

In Betreff der dritten Hauptfrage: was für anderweitige Maßregeln zur Feststellung dieses Systemats vorzuschreiben? nemlich

an, was zur standhaften Einleitung und Befestigung des Werkes für anderweitige Maßregeln vorzuschreiben seien, worin Wir, um den künftigen Anfragen zuvorzukommen,

---

⁵) Dieser Bericht wurde von der böhm. Appellationskammer bereits am 31. August 1765 im Wege der obersten Justizstelle erstattet und hierüber mit A. h. Resolution vom 6. Januar 1766 betreffs der Verwaltung und Verrechnung des neuen Criminalfondes die entsprechende Vorschrift erlassen. (Archiv des oberst. Gerichtshofes, Fasc. 56.)

zum Unterricht und genauen Nachverhalt sowohl Euerer selbst als der Euch nachgesetzten Hals-Gerichte, folgende Ausmessungen zur gesetzmäßigen Richtschnur festgestellt haben wollen, und zwar

erstlich: daß, wenn bei einer der in exercitio juris gladii verbleibenden 24 Städte, die Syndicats-Stelle in Erledigung kommt, die betreffende Halsgerichts-Stadt sich binnen 6 Wochen mit einem anderen obergerichtlich geprüften und approbirten Blutgerichts-Syndico versehen oder binnen solcher Zeit das aufzunehmen vorhabende Subjectum zu Euch, als Obergericht ad examen stellen, widrigenfalls aber, da binnen solcher Zeit kein tauglicher Halsgerichts-Syndicus aufgenommen, noch ein zu solchem Dienst sich widmen wollendes Subjectum bei Euch ad examen vorgestellt oder das vorgestellte Subjectum in examine nicht bestünde und zu solchem Amte unfähig befunden wurde, in solch alleinigen Fällen, um diese nöthigen Dienststellen nicht in die Länge unersetzt zu lassen, von Euch dem Halsgerichte ein anderwärtig taugliches Subjectum zur Aufnahme angewiesen werden möge und auf gleiche Art, wie Wir hier in Ansehen der anzunehmen kommenden tauglichen Syndicorum geordnet haben, soll es auch bei Anstellung der Halsgerichts-Assistenten gehalten werden. *wie es sowohl derzeit als künftighin mit der Anstellung wohlerfahrener Syndicorum und Malefiz-Assistenten.*

Wo Wir Euch anbei gemessen eingebunden haben wollen, daß Ihr nach der Wichtigkeit dieses Werkes und nachdem bei sogestaltiger Einrichtung die gesetzmäßig gute Verwaltung des Criminalwesens hauptsächlich von der Geschicklichkeit und Erfahrenheit des Halsgerichts-Syndici und des Malefiz-Assistenten abhängt, bei der vorzunehmenden Prüfung eines zu solcher Stelle vorgeschlagenen oder sonst competirenden Subjecti zuvörderst von demselben die Attestata über seine in jure et praxi criminali erworbene Fähigkeit Euch beibringen lassen, denselben sodann in dem anzustellenden examine über die Grundsätze des peinlichen Rechtes und sonderheitlich über den Lauf und rechtsgehörigen Vorgang bei einem abzuführenden Criminalproceße nach Maßgabe der in Böhmen vorgeschriebenen Halsgerichts-Ordnung befragen und anddurch verläßlich erforschen sollet, *dann mit Aufnehmung des examinis zu halten sei?*

ob der Candidat ein vernünftiger, auch in jure et praxi wohlerfahrener Mann, somit zu solcher Amtsverrichtung tauglich sei, worauf ihm, wenn er in der Prüfung bestanden, seiner befundenen Tauglichkeit halber zu einer halsgerichtlichen Syndicatsstelle oder zu dem Malefiz-Assistenten-Amt von Euch die obergerichtliche Urkunde zu ertheilen, widrigenfalls aber derselbe, da er in dem examine nicht bestanden gestalten Dingen nach entweder gänzlich oder nur zeitweilig, bis er sich genugsam qualificirt haben werde, abzuweisen sein wird. Jedoch sind die bei den zum Blutbanne auserkiesenen 24 Städten dermal bereits angestellten Syndici, welche ausweisen können, daß sie vor, bei oder nach ihrer Amtsantretung bei Euch oder bei Unserer Prager Universität — wie vorkommet — schon examinirt und zur halsgerichtlichen Syndicatsstelle tauglich erkannt worden sind, von aller weiteren und genaueren Prüfung bei dieser ersten Einrichtung freizulassen; künftighin aber solle solches Examen und die darüber auszufertigende Fähigkeitsurkunde, nirgends anders denn bei Euch, als dem in criminalibus autorisirten Obergerichte mit Rechtsgiltigkeit unternommen werden. Demnach auch

Welchergestalten die verbleibenden Halsgerichte bei dieser neuen Einrichtung überhaupt zu belehren seien?

zweitens erforderlich sein will, daß in diesem Unserem Regulativo sowohl den bei der Verwaltung des peinlichen Gerichtes verbleibenden, als den in die Ruhe zu versetzenden Halsgerichten, welchergestalten sich selbe bei dieser neuen Halsgerichts-Einrichtung zu verhalten haben, der nöthige Unterricht zu ihrem unverbrüchigen Nachverhalt vorgeschrieben werde, so wollen Wir zuvörderst die ersteren folgendermaßen belehrt haben, daß

I^{mo} bei den in exercitio juris gladii verbleibenden Halsgerichten alle Rathsmänner eine gute Kenntniß von der im Lande eingeführten Halsgerichtsordnung besitzen sollen, annebenst bei ihrer Annehmung im Rathsstuhl allemal mit dem in der Josephina art. II, § 3 vorgeschriebenen Eide zum Blutbann zu belegen seien,⁶) damit man sich bei den

---

⁶) Dieser Eid lautet: „Ich schwöre einen Ayd Gott dem Allmächtigen ꝛc., daß ich soll und will in Peinlichen Sachen rechte Urtheil

Inquisitionen und Criminal-Erkenntnissen derselben nothdürftig gebrauchen könne, und soll fürohin Keiner, der diesen Eid nicht vorläufig leisten würde, für eine Gerichtsperson aufgenommen, um so weniger bei den Inquisitions-Verführungen oder sonstiger Erledigung eines Criminal-Vorfalles zugezogen werden.

II^{do} sollen diese zum Blutbann ausgesetzten Gerichtsorte nach Ausmessung der Josephinischen peinlichen Gerichtsordnung zwar insgemein nach vollführter Inquisition mit dem Erkenntnisse, es sei ein Bei- oder End-Urtheil, vorzugehen und das Urtheil zu vollziehen berechtigt sein; dagegen dieselben in ausgenommenen Verbrechen,¹) nach des Missethäters gefänglicher Einziehung und aufgenommenen examine summario allsogleich und ohne in der Inquisition weiter vorzuschreiten, solche Criminal-Begebenheit Euch, als Obergericht anzuzeigen, auch außer erstgedachten ausgenommenen Fällen überhaupt in allen schweren und zweifelhaften Criminal-Vorfallenheiten die Belehrung anzusuchen, zu solchem Ende aber sowohl die Bei- als End-Urtheile vor deren Publicirung mittelst eines ausführlichen, mit allen actis belegten Berichtes Euch, als Unserem königlichen Obergerichte zur höheren Erkanntnuß zu überreichen und hierüber den obergerichtlichen Bescheid abzuwarten schuldig sein sollen. Endlich wird

III^{tio} denselben als eine allgemeine Maßregel hiemit eingebunden, daß nicht nur die beschwerenden, sondern auch die lindernden Umstände des Verbrechens mit genauester Nachforschung allemal in das Klare gesetzt werden, dann, daß sie sowohl in Verführung der Inquisitionen, als bei Schöpfung der peinlichen Urtheile weder einer mehreren

---

meinem besten Verstand und befund nach geben, die nachforschungen da mir solches auferlegt wurde fleißig und redlich anstellen helfen, auch dem befund nach hierob richten und dieses weder umb gunst noch ungunst, freundschafft oder feindschafft, forcht oder gaben, denen Armen so gleich als denen reichen und sonderlich nach dieser Jhro Kayserl. Mayestät Josephi Primi Peinlichen Halß-Gerichts-Ordnung getreulich und ungefährlich, so mir Gott helfe ꝛc. Amen."

¹) Ueber die crimina excepta vergl. das auf S. 27 Angeführte.

Schärfe oder Gelindigkeit, als die Landesgesetze vermögen, viel weniger einer Aggratiation sich anmaffen, sondern lediglich die Josephinische Halsgerichtsordnung und die in peinlichen Sachen nachgefolgten allerhöchsten Verordnungen zu ihrer Richtschnur vor Augen halten und denselben bei sonft auf sich ladender schwerster Verantwortung ihren Pflichten gemäß unabweichlich nachleben sollen. Was

Was den in die Reduction verfallenden Halsgerichten für eine Befugniß in Criminal-Fällen fürohin belzulaffen?

drittens die zu reduciren kommenden Halsgerichte anbelangt, so wollen Wir ad exemplum Moraviae nachstehende Mäßigung getroffen haben, daß bei den in die Reduction verfallenden Halsgerichten das exercitium juris gladii allein zu quiesciren, nicht aber zugleich dessen Gerechtigkeit, als welche sie entweder titulo oneroso, oder remunerationis oder ex privilegio erworben, gänzlich aufzuhören habe, folgsam denselben in dieser Absicht signa normalia beizubehalten nicht nur gestattet, sondern auch sothaene Gerechtigkeit zu ihrer mehreren Versicherung sowohl in diesem unserem höchsten Regulativo hiemit vorbehalten wird, als auch bei künftiger Bestätigung ihrer Privilegien für jetzt und künftige Zeiten ausdrücklich erneuert werden solle, um ein so anderes Gericht entweder schon dermalen, wenn selbes einen von Euch geprüften Syndicum und ein beihilfliches Rathsglied als Malefiz-Verhörer auf eigene Unkosten zu unterhalten erbietieg und in Stand ist, oder in Hinkunft nach sich ändernder Gestalt der Umstände hinwiederum in die Verwaltung des juris gladii setzen zu können, wo hernach ein solches Gericht von dem Beitrage ad fundum criminalem publicum hinwiederum befreit sein solle.*)

Um aber auch derzeit ihnen eine etwelche Activitaet beizulassen und eben andurch der justitiae vindicativae eine

---

*) Im Sinne der obigen Bestimmung wurde mit Hofdecret vom 5. April 1766 dem Magistrate der Stadt Komotau über deffen Bitte das jus gladii „in Ansehung der in seiner Gerichtsbarkeit gefänglich einkommenden Uibelthäter" wieder verliehen und diese Stadt von der Leistung des Beitrages jährlicher 30 Gulden ad fundum criminalem enthoben. Zugleich ward verordnet, daß ähnliche Ansuchen stets im Wege der böhm. Appellationskammer von Fall zu Fall der a. h. Schlußfassung zu unterbreiten sind. (Archiv des obersten Gerichtshofes, Fasc. 50.)

gar nützliche Beihilfe und mehrere Beförderung zu verschaffen, so verordnen Wir, daß dieselbe nicht nur die kundbaren Missethäter, deren zu Stand-Bringung und Ablieferung an die Behörde ohnedem jedermänniglich gestattet ist, sondern auch andere eines halsgerichtsmäßigen Verbrechens verdächtige Leute bei vorwaltend genugsamen Inzichten in Verhaft zu bringen, mit denselben die summarischen Verhöre vorzunehmen und solche sofort, nebst dem examine summario zum nächsten, im Kreise gelegenen Halsgerichte abzuliefern forthin verbunden sein sollen.

Zumal auch öftermalen Alles daran gelegen, daß die corpora delicti tam formalia quam materialia, sonderheitlich in jenen Fällen, wo ein durchreisender Fremdling solche zu bestätigen hat oder wo die Richtstellung des corporis delicti, als in Todtschlägen, Kindsmord oder Verthuungen, Vergiftungen ꝛc. keinen Verzug leidet, eilends und ohne allen Zeitverlust in loco delicti, oder wenn daselbst kein ordentlich ausgesetztes Halsgericht wäre, in dem nächst daran gelegenen Gerichtsorte der Ordnung nach erhoben und beschworen werden, in wessen Unterlassung entweder die Gelegenheit zu dessen Erhebung entgehen oder wenigstens die Inquisition verzögert werden würde, und endlich auch die Untersuchung eines verübten Selbstmordes ebenermassen von keinem anderen, als dem, dem loco delicti am nächsten anliegenden Gerichtsorte, wegen der Anwesenheit oder wenigstens dem nicht weit entfernten Aufenthalte der von dem sonst geführten Lebenswandel des Entleibten Wissenschaft habenden und eidlich zu verhören kommenden Zeugen am füglichsten und geschwindesten vollzogen werden kann; als wollen Wir den in die Reduction zu versetzenden Halsgerichten, nebst dem Recht der gefänglichen Einziehung eines verdächtigen Delinquenten und dessen summarischen Verhöre, zugleich auch (jedoch nur in jenem Falle, wenn das wirkliche Halsgericht ziemlich weit entfernt, anbei die verläßliche Erkundigung der That mit ihren Umständen wegen sonst entgehender Gelegenheit keinen Verzug litt) die Erhebung des corporis delicti tam materialis quam formalis, dann die vorbereitliche Erkundigung des criminis propricidii hiemit eingeräumt haben, mit dem allergnädigsten Auftrage, daß denselben obliegen solle, bei Ablieferung des Missethäters dem inquirirenden Halsgerichte jederzeit sowohl das mit dem Thäter verführte examen summarium, als das corpus delicti tam materiale quam formale zu dessen weiteren Gebrauche zu übergeben, auch die wegen eines begangenen Selbstmordes auf der Stelle vorsichtsweise vorgenommene Untersuchung mit der Anfrage, auf was Art der entseelte Körper zu beerdigen sei, an das nächste wirkliche Halsgericht zur weiterrechtlichen Vorkehrung unverlängt gelangen zu lassen.

Damit aber sothane Gerichts-Örter mit aller Legalität in Erhebung des corporis delicti und den vornehmenden Untersuchungen wegen eines verübten Selbstmordes vorzugehen sich angelegen sein lassen, folgsam den durch eine gesetzwidrige Erhebung des corporis delicti oder durch eine unschicksame Untersuchungs-Veranlassung entstehenden Inquisitions-Verzögerungen und sonstigen Verwirrungen mit aller Ergiebigkeit vorgebeugt werde, so wird mehrgesagten Gerichtsstellen die genaueste Beobachtung der Josephinischen Halsgerichtsordnung und vornehmlich derselben art. 5[9]), nicht minder auch des wegen gesetzmäßiger Erhebung des corporis delicti unterm 13. Juli 1734 ergangenen, sodann aber in dem 1750ten Jahre republicirten Patents[10]), dann in Betreff eines vorgegangenen Selbstmordes die klare Ausmessung unsern erwähnter Halsgerichtsordnung art. 19, § 17 hiemit nachdrucksamst eingebunden.

Falls aber dennoch quoad levationem corporis delicti ein Gebrechen wahrzunehmen wäre, hat der zur Verwaltung des juris meri imperii angestellte Gerichtsort ohne aller Zeitversäumniß durch Erlassung der gewöhnlichen Subsidionalien solches Gebrechen dem betreffenden Orte mit der

---

[9]) Dieser Art. handelt in 21 §§ von der Erhebnng des corporis delicti.

[10]) Das Patent ddto. Prag 13. Juli 1734, ist auf S. 69 ff. abgedruckt. Republicirt wurde dasselbe gleichzeitig mit der Verordnung vom 14. September 1750, betreffend die Einführung des Standrechtes in Böhmen. (Vergl. S. 82.)

Anzeige, auf was Art dem Mangel abgeholfen werden solle, zu erinnern und auf die Supplirung anzudringen.

Und zumahl aus dieser den reducirenden Halsgerichts-Orten beilassenden Befugniß sich von selbst darleget, daß denselben annoch einige, zur peinlichen Verfahrung gehörige und an sich wichtige Handlungen zu verrichten obliegen, so wollen Wir auch alle in die Reduction verfallenden Gerichtsstellen ernstgemessen dahin angewiesen haben, daß ihre Rathsmänner sowohl anjetzo als fürohin bei allmaliger Aufnahme in den Raths-Stuhl allezeit zum Blutbanne, insoweit nämlich als ihnen eine Verrichtung in peinlichen Sachen würde aufgetragen werden, beeidet werden sollen. Was

viertens die Ablieferung der Delinquenten an das zur Verwaltung des juris gladii angestellte Gericht anbelangt, da wollen Wir dieserwegen nachfolgende Maßnehmungen vorgeschrieben und zuvörderst, um den Gerichtsstellen keine übermäßigen Ablieferungs-Unkosten zu verursachen, für eine allgemeine Regel festgestellt haben: daß der gefänglich eingezogene Missethäter allemal an das dem loco delicti nächst gelegene wirkliche Halsgericht ausgefolgt, wenn aber allda schon zu viele Delinquenten insitzen würden, so daß die Frohnveste in sich mehrere zu fassen nicht vermöchte, solchenfalls dem königlichen Kreis-Hauptmanne, wo er solche am füglichsten unterzubringen erachten würde, zwar überlassen werden, doch aber demselben obliegen solle, damit er den Delinquenten, wenn es möglich ist, jederzeit zu der, an dem inquirirenden Gerichte nächst anliegenden, mit guten Kerkern versehenen Stadt oder Markt, anzuweisen trachte.

Wie es mit Ablieferung der Delinquenten an das zur Verwaltung des juris gladii angestellte Halsgericht zu halten sei?

In solcher Absicht dahero haben die quiescirenden Gerichte und die Obrigkeiten, sogleich nach Zustandebringung eines Delinquenten, sich bei dem Kreisamte wegen der zu geschehen habenden Ablieferung anzufragen und hiemit nicht ehender, als nach Empfang der Anweisung fürzugehen, außer es wäre die Obrigkeit, wo der Delinquent zum Verhaft gekommen, zum voraus schon vergewisset, daß bei dem inquirirenden nächsten Halsgerichte zur Unterbringung des Thäters Platz vorhanden sei, welchenfalls derselbe ohne weitere Anfrage stracks dahin abgeliefert werden solle.

Annebst wollen Wir zum allgemeinen Unterricht ferner ausdrücklich verordnet haben, daß die Transportirung der Delinquenten allemal auf Unkosten der Obrigkeit oder Gemeinde des Ortes, wo sie handfest gemacht worden und zwar dergestalt zu geschehen habe, womit die Delinquenten mit einer zweispännigen Fuhr, unter einer genugsamen Begleitung mit möglichster Vorsicht, auf daß dieselben zur Flucht keine Gelegenheit überkommen, bis zu dem inquirirenden oder sonst von dem Kreisamte angewiesenen Gerichte überbracht werden sollen. Ergebete sich aber, daß ein Delinquent auf ausdrückliche Verordnung einer höheren Landes-Stelle oder auf eigene Veranlassung des Kreisamtes gefänglich eingezogen würde, so wird solchenfalls das Kreisamt die Vorkehrung zu treffen haben, damit derselbe von 2 zu 2 Meilen, mit jeweiliger Abwechslung, bis zu dem inquirirenden Halsgerichts-Stande auf Unkosten der betreffenden Dominien, Städte oder Märkte wohlverwahrt befördert werde. Da sich nun

Was zu beobachten, wenn ein Delinquent bei dem inquirirenden Halsgerichte nicht unterzubringen, sondern bei einem reducirten Gerichtsorte müsste aufbehalten und allda inquirirt werden —

fünftens, wie erst vorberührt, der Fall ereignete, daß einige Delinquenten aus Mangel des Raumes der Kerker, bei dem die Inquisition zu verführen habenden Halsgerichts-Orte nicht könnten untergebracht werden, sondern anderwärts verwahrlich aufbehalten werden müßten, so verordnen Wir auf solchen Fall, daß die reducirten Halsgerichte, sobald ihnen auf kreisämtliche Anweisung ein Delinquent in die Verwahrung abgegeben worden ist, ganz unverlängt das mit demselben von dem Orte der gefänglichen Einziehung abgeschlossene examen summarium nebst dem erhobenen corpore delicti tam materiali quam formali dem ad exercitium juris gladii Berechtigten zur unverschieblichen Inquisitions-Vornehmung zuzusenden schuldig seien, dahingegen dem Letzteren obliegen solle, ohne allen Zeitverlust den Halsgerichts-Syndicum oder den zugegebenen Malefiz-Verhörer ad locum des insitzenden Delinquenten abzusenden, welcher daselbst mit Zuziehung zweier dortortigen Gerichtsmänner die Inquisition in guter Ordnung zu vollführen hat, welchenfalls dem Syndico oder dem Assistenten an Diätgeldern täglich 1 fl. allergnädigst verwilligt und solche in das Verzeichniß der ex jurisdictione vicaria zu vergütenkommenden Criminal-Unkosten einbringen zu können erlaubt, zugleich aber die Syndici und Malefiz-Assistenten, um in Rücksicht auf diese Zubuße zur Verzögerung der Inquisitionen keinen Anlaß zu geben, auf deren möglichste Beschleunigung hiemit per legem mit der Warnigung angewiesen werden, daß sie, widrigenfalls solche Diätgelder zur Strafe verlustig gehen, folgsam die Zehrungs-Unkosten aus eigenem Säckel zu tragen haben würden.

Und zumahl nach dem oben vorausgesetzten principio die zu reducirenden Halsgerichte über ihren jährlichen Beitrag keine anderweitige Last an Gerichts-Azungs- und Executions-Unkosten zu erleiden haben sollen, so versteht sich von selbst, daß im gegenwärtigen Falle, wo bei einem reducirten Halsgerichte ein Delinquent nur von ungefähr verwahrlich aufbehalten und daselbst inquirirt wurde, demselben die innmittelst von ihm vorschußweise gehabten Unkosten hinwiederum ex fundo criminali ersetzt werden müssen. Es wird demnach den zu reducirenden Halsgerichten auf erst bemeldten Fall ausdrücklich vorbehalten, daß sie die Verzeichnisse ihrer verwendeten und beglaubigt auszuweisenden Azungsgelder, dem inquirirenden Gerichte zu übergeben haben, das letztere hingegen solche in ihrem bei Euch zu überreichenden Hauptverzeichnisse der ex jurisdictione vicaria pro quovis casu criminali verausgabten Unkosten einzuverleiben und nach erhaltener Vergütung dem reducirten Halsgerichte den dasselbe betreffenden Betrag hinauszuzahlen schuldig sein solle. Wenn es sodann

sechstens mit einem außerhalb des inquirirenden Gerichtes verwahrten Delinquenten auf ein Bei= oder End= urtheil ankommt, ist ein solcher Delinquent an das zur Verwaltung des juris gladii angesetzte Gericht abzuliefern, ihm allda der Ausspruch kund zu machen und er daselbst sofort, bis der End-Ausspruch mit ihm zur Vollstreckung gelangen kann, verwahrlich aufzubehalten. Welche zur all- und wie solchenfalls mit Kundmachung des Urtheils vorzugehen?

gemeinen Regel vorschreibende Ausmessung jedoch, in nachstehenden Fällen eine Ausnahme leidet: Wenn

1^(mo) auf befundene Unschuld des Inquisiten das ergehende Erkenntniß mit dessen Ehrenverwahrung auf die Lossprechung von der wider ihn angestrengten Inquisition; oder

2^(do) bei Fürwaltung einiger, jedoch zur Verurtheilung nicht zulänglicher Inzichten, ohne der Ehren-Verwahrung auf dessen Arrestbefreiung, oder endlich

3^(tio) ob indicia permanentia auf die Entlassung des Arrests, gegen die Einschreibung lauten würde, als in welchen Fällen zur Ersparung der Stellungs-Unkosten und wegen des Arrestanten geschwinderer Befreiung, das wirkende Halsgericht ein dergleichen Erkenntniß in beglaubter Abschrift dem Gerichtsorte des gefänglichen Aufenthaltes zur erforderlichen Kundmachung an den Arrestanten und zu dessen Entlassung nach dem Inhalte solchen Erkenntnisses, zuzusenden hat. Und zumahl

Daß jenen standrechtlichen Städten, so dermal in die Reduction verfallen, künftighin die Standrechts-Befugniß nicht zustehe.

siebentens, inhaltlich der vorherigen Patente das standrechtliche Verfahren und die sogestalte Aburtheilung der zum Standrecht qualificirten Missethäter einigen eigends bestellten Städten privative überlassen worden ist [11]), einige aber dieser Standrechts-Städte ihrer schlecht beschaffenen Besetzung halber nunmehr in die Reduction verfallen, so wollen Wir hiemit verordnet haben, daß, nachdem durch diese neue Einrichtung die zum Blutbanne auserschenen 24 Halsgerichts-Städte durchgehends in eine gute Verfassung versetzt werden, all' diesen bei Verwaltung des juris meri imperii zu verbleiben habenden Gerichts-Orten auch in den zum Standrecht qualificirten Verbrechen zu inquiriren, folgsam den diesfälligen Patenten gemäß hierüber Recht ergehen zu lassen die Macht eingeräumt sein solle, dahingegen bei den in die Reduction verfallenden Halsgerichten, solche Standrechtsbefugniß von Zeit der Reduction eo ipso aufzuhören habe. Es erübrigt

---

[11]) S. Seite 30.

achtens noch diese Frage, was für eine Ordnung in Liquidirung der auf einen Inquisiten zu verwendenden Azungs- und anderen Unkosten fürohin zu beobachten, in welchen Fällen den Halsgerichten ex fundo criminali die Vergütung zu verschaffen sei und in welchen dieselben derlei Unkosten-Aufwand aus eigenem Säckel zu bestreiten haben, wobei Wir zur künftigen Richtschnur folgende Maßregeln festgestellt haben wollen: daß in jenen Fällen, wo die Halsgerichte wegen der in ihrer eigenen Gerichtsbarkeit eingebrachten Delinquenten die jurisdictionem ordinariam ausüben, für sothaene Unkosten keine bonification zu geschehen habe und dieses **ohne Rücksicht auf die verschiedene Eigenschaft der** delictorum, womit also der per rescriptum vom 11. April 1737 gemachte Unterschied inter delicta publica et privata für das künftige gänzlich um so mehr aufzuhören hat, weil einem jeden Halsgericht von Rechtswegen, sowie selbem der fructus jurisdictionis zukommt, also auch der sumptus jurisdictionis propriae zur Last gehen muß.¹²) Es sollen demnach die Halsgerichte lediglich in jenem Fall, wenn von anderen Orten die Delinquenten dahin geliefert werden, mithin die jurisdictio vicaria exerciret wird, die Vergütung der aufgewendeten Criminalunkosten ex fundo criminali zu begehren befugt sein.

Betreffend nun die Liquidirung solcher ex jurisdictione vicaria entspringender Unkosten, so wird dem inquirirenden Gerichte, jedoch allererst nach dem vollendeten Criminalprocesse, damit sie solchen förderlich zu beenden desto mehr beeifert seien, allemal obliegend sein, ihre Schadens- oder Ausgaben-Liquidation bei Euch einzubringen, damit Ihr nach Euerem Befund solche Unkosten demselben entweder ganz zusprechen oder moderiren und sodann aus dem fundo criminali bezahlen lassen möget. Dem allen

neuntens Unsere weitere Allerhöchste Willensmeinung beigefügt wird, daß ad exemplum Moraviae die bei den in die Ruhe zu versetzenden Halsgerichten allschon anhängigen und bis zu Ende gegenwärtigen Jahres weiters

---

¹²) Das oben citirte Hofrescript ist auf S. 77 abgedruckt.

anhängig werdenden inquisitiones daselbst fortzuführen, auch durch dieselben die hierauf ergehenden Urteln kund zu machen und in die Execution zu setzen sind. Wie Wir denn hiemit verordnen, daß diese Unsere gesetzgebig neue Einrichtung mit dem ersten Jänner des nächstkommenden Jahres 1766 in Unserem Königreiche Böheim ihren wirksamen Anfang nehmen und derselben von jedermänniglich die schuldigste Folge geleistet und unverbrüchig beobachtet werden solle.

Welch' Unsere in vim pragmaticae hiemit erlassende Verordnung Ihr demnach in genauesten Vollzug zu setzen und hierob feste Hand zu halten, anbei wegen verläßlicher Einleitung dieses so heilsamen Werkes Euch mit Unserem königlichen Gubernio, an welches unter Einem das Gehörige ergeht, der Nothdurft nach einzuverstehen und den Euch nachgesetzten Halsgerichten, in soweit sie es zu wissen nöthig haben, den erforderlichen Unterricht zu ertheilen gehorsamst beflissen sein werdet. Hieran ꝛc. und Wir verbleiben ꝛc.

Gegeben Innsbruck, den 15. Juli 1765.

XIII.

Verzeichnis

der Besoldungen, welche 1764 die Gerichtspersonen in nachbenannten, zum Blutbanne berechtigten Städten Böhmens bezogen. Und zwar wurden jährlich verabfolgt: [1)]

Name des Gerichtsortes	Einem Rathsmanne (Raths-verwandten)		Stadt-richter		Syndicus		Dem Gerichts-schreiber		Frohn-bienet		Scharf-richter	
	fl.	kr.	fl.	kr.	fl.	kr.	fl.	kr.	fl.	kr.	fl.	kr.
Aussig	67	—	17	—	*	*	—	—	44	50	—	—
Beraun	50	—	20	—	85	—	—	—	30	—	—	—
Bidschow (Neu-)	86	—	55	—	300	—	14	—	30	—	—	—
Brüx	257	57	18	—	121	—	42	46	62	20	*	*
Budweis	413	46	287	6	229	—	171	30	8	15	78	48
Chrudim	66	—	11	—	250	—	4	40	16	15	*	*
Deutschbrod	34	30	*	*	219	5	*	*	53	48	36	30
Eger [2)]	100	—	*	*	—	—	—	—	32	—	50	32
Elbogen	30	—	48	—	6	—	—	—	39	—	—	—
Jičin	45	—	4	—	211	—	—	—	200	—	—	—
Jungbunzlau	100	—	*	*	140	—	*	*	8	—	—	—
Kauřim	31	—	—	—	92	—	—	—	10	28	—	—
Klattau	78	—	60	—	*	*	—	—	27	—	65	53
Kolin (Neu-)	94	—	6	—	144	40	—	—	35	45	—	—
Komotau	80	—	*	*	3)		—	—	60	40	—	—
Königgrätz	166	40	24	—	200	—	12	—	8	—	—	—
Kuttenberg	311	—	95	40	*	*	69	40	52	—	49	24
Leitmeritz	126	50	11	—	*	*	—	—	100	—	—	—

[1)] In diese Jahresbezüge wurden in der Regel die so gen. Deputate und sonstigen Nebenbezüge mit eingerechnet. Woferne man einer Gerichtsperson keinen Gehalt in Geld oder Naturalien verabreichte, sondern höchstens nicht näher bestimmte Accidentien zuerkannte, deutet dies in der betreffenden Rubrik ein * an.

[2)] In Eger wurde den Rathsmännern (Gerichtsältesten) außer der obigen Besoldung, auch noch Getreide und Holz verabfolgt, was jedoch in der an die Appellationskammer gelangten Consignation nicht reluirt erscheint.

[3)] Der Syndicus bezog hier (nach der betreffenden Tabelle) außer den Accidentien noch 100 ß (Schock böhm. Groschen?).

Name des Gerichtsortes	Einem Rathsmanne (Rathsverwandten)		Dem								
			Stadtrichter		Syndicus		Gerichtsschreiber		Frohndiener		Scharfrichter
	fl.	kr.	fl.	kr.	fl.	kr.	fl.	kr.	fl.	kr.	fl.	kr.
Luditz	27	30	5	30	*	*			27	30	—	—
Mies	75	45	—	56	*	*	*	*	28	48	—	—
Nachod	20	—	70	—			—	—	19	30	—	—
Neuhaus	10	—	6		*	*	—	—	9	—	—	—
Nimburg	46		*	*	*	*	—	—	30	—	—	—
Pilgram	160	—	31	50	*	*	12		40	38	43	42
Pilsen	209		75		*	*	—		37	24	39	—
Pisek	126	30	18	—	*	*	—		30	—	—	—
Policka	120	—	36	—	100	—	—		15	10	*	*
Prag-Altstadt¹)	339	30	63	30	—		45	10	60	40	176	—
„ Neustadt	350	—	112	—	—		84	45	65	—	—	—
„ Kleinseite	147		104	—	—		87		54	36	—	—
„ Hradschin	35	—	24	—			—		*	*	58	38	—	—
Přibram	39	50	32	—	297	—	—		44	30	—	—
Rakonitz	47		*	*	*	*	—	—	40	—	—	—
Reichenberg	*	*	*	*	—	—	*	*	*	*	30	—
Rokitzau	96		20		*	*	—		49	—	—	—
Saaz	106	30	*	*	100	—	20	16	25	45	—	—
Tabor	92	15	28	20	*	*	15	—	41	15	37	—
Taus	59	40	8	—	*	*	—	—	38	52	—	—
Teplitz	6	56	13		24		—	—	14	5	—	—
Trautenau	150	—	12	—	175	—	—	—	46	—	—	—
Welwarn	51		—	—	*	*	—	—	50	—	—	—

¹) Auf der Alt- und Neustadt Prag unterschied man, was die Rathsmänner betrifft, drei Gehaltsstufen; wir haben oben die höchsten Bezüge eingestellt.

XIV.

Verzeichnis

jener Städte und sonstigen Ortschaften Böhmens, woselbst zur Zeit der Regulirung der Halsgerichte (1765) im Sinne des Artikels II der Josephina, die Criminaljurisdiction ausgeübt werden durfte.[1]

† Adersbach.
Algersdorf.
† Altenbuch.
† Altzedlisch (Bez. Cachan).
† Arnau.
Auscha.
*Aussig.
Backofen.
*Barau.
*Bechin.
Benatek (Alt).
*Beneschau (Stadt).
*Bensen.
Beraun.
Bergreichenstein.
** Bělohrad.
Bischof (Neu).
*Bilin.

Bischitz.
Bischofteinitz.
† Bistrau (Bez. Polička).
Blatna.
Bleistadt.
Bleiswedel.
†**Böhmisch-Aicha.
Böhmischbrod.
*Böhmisch-Kamnitz.
*Böhmisch-Leipa.
† Borohradek.
** Bojejow.
† Brandeis (a. d. Adler).
Brandeis (a. d. Elbe).
Brannau.
*Brüx.
Březnitz.
Buchau.

Budin (Bez. Raudnitz).
*Budweis.
**Butzkow.
Caslau.
†Častalowitz.
†Čechtitz.
Čelakowitz.
**Cerekwe (Neu).
Cerekwe (Ober).
**Cerekwe (Unter).
Černoschin.
†Černowitz.
†Chejnow.
Chiesch.
Chlumetz.
*Choltitz.
Chotěboř.
Chotzen.

---

[1] Dieses Verzeichnis wurde mit besonderer Rücksicht auf die (S. 10) erwähnten kreisamtlichen Tabellen und Ausweise angelegt. Zur Vermeidung von Verwechslungen erscheint bei einzelnen Orten der politische Bezirk, in dem sie gegenwärtig gelegen sind, beigefügt. Die Halsgerichte der fett gedruckten Städte verfügten 1762 über einen in Strafsachen erfahrenen, vorschriftsmäßig geprüften Syndicus oder Stadtschreiber (Actuar, Notar), die durch ein Sternchen ersichtlich gemachten Gerichtsorte über Frohnfesten mit wenigstens zwei wohlverwahrten Separationen. In den mit ** bezeichneten, theilweise ganz verarmten Ortschaften wurde, mangels geeigneter Arrestlocalitäten und des erforderlichen Gerichtspersonales, die Criminaljurisdiction überhaupt nicht ausgeübt; an den Orten endlich, welche durch ein beigefügtes † kenntlich sind, war zu jener Zeit seit einem Decennium keine Strafuntersuchung mehr durchgeführt worden. Uibrigens muß noch bemerkt werden, daß in der dem gedruckten Patente vom 19. August 1765 angeschlossenen Consignation der reducirten Halsgerichte irrthümlich auch die Orte: Cerhowitz (Beraun. Kr.), Hühnerwasser (Jungbunzl. Kr.), Networitz und Slawětin (Rakon. Kr.) als bis dahin zur Blutbann-Jurisdiction berechtigt aufgenommen sind, was erst später über Vorstellung der böhmischen Appellationskammer richtig gestellt wurde.

*Chrubim.
Čištai.
Dauba.
Dobrawitz.
†Deschna.
*Deutschbrod.
Diwischau.
Dobřan.
Dobřisch.
Dobruschka.
Domaschin (Neu).
†Drosau.
†Drum.
Duppau.
Dur.
*Eger.
†Eidlitz.
Einsiedl.
Eipel.
Eisenbrod.
**Eisenstadtl.
*Elbogen (Bez. Falkenau).
†Ellischau.
†*Engelshaus.[2]
Eule.
†Eulau.
Falkenau.
†*Freiheit.
Friedland.
Friedstein.
Flöhau.
Gabel.
†Gastdorf.
Geiersberg.
Georgenthal St.
*Görkau.
†*Goltsch-Jenikau.
Gossengrün.
Gottesgab (Bez. Joachimsthal.)
†Graber.
†Gradlitz.
Graslitz.
*Gratzen.

Graupen.
†Großbocken.
Grottau.
Grulich.
†Habern.
Haid.
†Hainspach.
Heinrichsgrün.
Heřmanměstec.
*Hirschberg (Doksy).
Hochstadt (Vysoká).
†Hochwessely.
Hohenbruck (Stadt).
*Hohenelbe.
†*Hohenfurth.
Hohenmarktfleck.
Hohenmauth.
*Horaždiowitz.
†Hořepnik.
*Hořitz (Bez. Königgrätz).
*Horowitz.
Hostau.
Hostomitz (Bez. Hořowitz).
*Hrochowteinitz.
†Humpoletz.
**Janowitz (Stadt).
Jaroměř.
*Jechnitz.
**Jenikau (Windig).
*Jičin.
Jistebnitz.
Joachimsthal.
*Jungbunzlau.
†Jungfer-Teinitz.
†Jung-Woschitz.
*Kaaden.
†Kacow.
**Kamberg.
†Kamenitz (a. d. Linde).
**Kaplitz.
Karbitz.
**Kardasch-Řečitz.
Karlsbad.
Kassejowitz.

†Katharinaberg (Stadt).
Katzengrün (und Neuhof).
*Kaurim.
Kladno.
*Kladrau.
*Klattau.
†*Klösterle.
*Klostergrab.
Knin.
*Königgrätz.
†Königsaal.
Königinhof.
Königsberg.
**Königseck.
Königstadtl.
Königswart.
Kohljanowitz.
Kolin (Neu).
*Komotau.
*Kopidlno.
†Kornhaus.
Koslau.
Kosteletz (a. d. Adler).
*Kosteletz (a. d. Elbe).
Kralowitz.
Kralupp (Deutsch).
Kratzau.
*Kreibitz.
†Kriegern.
†Křiwosondow.
*Krumau.
†Kupferberg.
*Kuttenberg.
†Kuttenplan.
*Lämberg.
*Landskron.
Laun.
Lauterbach.
*Ledeč.
*Leitmeritz.
*Leitomischl.
Leskau.
*Liban.
*Libochowitz.

---

[2] Bei Carlsbad, früher auch Engelsberg genannt.

Lichtenstadt.
Liebenau (Bez. Reichenberg).
Lischau.
Lissa.
†Litschkau.
Lobositz.
*Lochowitz.
Lomnitz (bei Jičin).
†Lomnitz (bei Wittingau).
*Ludiz.
†*Luže.
Manetin.
†*Markersdorf.
†Maschau.
Mauth.
†*Meistersdorf.
***Melnik.**
†Merklin.
***Mies** (Stadt).
Miletin (Bez. Königgr.).
Miltigau.
†Miltschin.
Mirotitz.
Mirowitz.
†Mischek.
**Mlasowitz.
Mnichowitz (Bez. Řičan).
*Moldauthein.
Moštau.
Mscheno.
*Mühlhausen.
Münchengrätz.
*Muncifay.
*Nachod.
Nechanitz (Bz. Königgr.).
Nepomuk.
Netolitz.
Netschetin.
Neubistritz.
Neudeck.
Neuern.
†Neugedein.

*Neuhaus (Stadt).
Neumark.
Neumarkt.
**Neupaka.
†Neustadt (a. d. Mettau).
†Neustadtl (Bez. Böhm. Leipa).
Neustadtl (Bez. Cachau).
Neustadl (Bz. Friedland).
Neustraschitz.
**Neustupow.
Neweklau.
*Niemes.
Nimburg.
*Oberliebich.
Ondřejow (Bezirk Böhmischbrod).
†Ošwitz.
*Pardubitz.
†Paţan.
Pecka.
Perglas (und Schaben).
*Petschau.
Pfraumberg (Přimda).
***Pilgram.**
†*Pilnikau.
***Pilsen.**
Pischelly.
***Pisek.**
*Plan.
†Planitz.
†Plankenstein.
Platten (Bergstadt).
**Platz (Bez. Komotau).
Počatek.
Poděbrad.
†Podhrad.
**Podhradi (Bez. Jičin).
*Podersam.
*Polička.
Politz (Bez. Braunau im Riesengeb.).
†Politz (Ober).

*Polna.
†Pomeisl.
†Poritschen.
Postelberg.
*Prachatitz.
***Prag.**[a])
Přčitz.
*Preßnitz.
†Přestitz.
†Priesen (Bez. Komotau).
Přibram.
†Puschwitz.
†Rabenstein (Bezirk Kralowitz).
†Radonitz (Bez. Kaaden).
Radnitz.
***Rakonitz.**
Raudnitz.
†Reichenau (Neu).
Reichenau.
*Reichenberg.
Reichstadt.
Řičan.
†Rockendorf.
†Roketnitz.
***Rokitzan.**
Ronow.
Ronsperg.
Rosenberg.
Rosenthal.
†Roth-Řečitz.
*Rowensko.
Rozdialowitz.
*Rumburg.
†Rudig.
***Saaz.**
†Sadska.
†*Sandau.
Schatzlar.
†Scheles.
†Schirgiswalde.[1])
*Schlackenwerth.
Schlaggenwald.

---

[a]) Mit fünf Halsgerichten. S. S. 1.
[1]) Ein Städtchen, ehemals zum Leitmeritzer Kreise gehörig. Dasselbe wurde

Schlan.
*Schluckenau.
Schönbach (Bz. Eger).
Schönfeld (Bz. Falkenau).
Schüttenhofen.
*Schwarzkosteletz.
†Schwihau (Bz. Klattau).
†Sebastiansberg.
Seestadtl.
Selčan.
*Semil.
†Senftenberg.
**Serowitz.
Setsch.
Silberberg (Stadt).
†Skalitz (Böhmisch).
Skuč.
Smidar.
Smiřitz.
*Soběslau.
*Sobotka.
†Sollnitz.
†Sonnenberg.
Staab.
Stankau (Markt).

†Starkenbach.
Starkstadt.
*Strakonitz.
*Tabor.
Tachau.
*Taus.
†Teinitz.
Tepl.
†*Teplitz.
*Tetschen.
Chensing.
†Tinischt (Bez. Reichenau).
*Trautenau.
**Tremles.
†Trebnitz.
†Türmitz.
Turnau.
Tuschkau.
*Unhoscht.
Unterreichenstein.
†*Wallhof.
†Wamberg.
Wartenberg.
Wegstädtl.
Weipert.

Weißwasser.
*Welwarn.
Wernstadt.
Weseritz.
†Wesseli (Bez. Wittingau).
†Wiesenthal (Bezirk Joachimsthal).
†Willimow.
†Willomitz.
*Winterberg (Bz. Prachatitz).
*Wittingau.
Wlaschim.
*Wodnian.
Wolin.
†Wotitz.
†Wscherau.
*Wranna.
Zasmuk.
Zbraslawitz.
*Zebrak
Zizelitz.
†Zleb.
†Zrutsch.
Zwickau (Bez. Gabel).

1845 von Böhmen an Sachsen überlassen und liegt gegenwärtig im Regierungsbezirke Bautzen. Die Herrschaft gleichen Namens gehörte dem Bautzner Domcapitel.

Inhaltsübersicht.

Seite

Zahl und mangelhafte Beschaffenheit der böhmischen Halsgerichte um die Mitte des vorigen Jahrhunderts. Hofrescript vom 4. Mai 1722 mit dem Auftrage, der Verzögerung in Strafsachen wirksam zu steuern. Bericht der prager Appellationskammer über die Ursachen der zum Vorscheine gekommenen Uibelstände. Verschiedene Vorschläge um diese letzteren zu beseitigen. Erweiterung der Competenz der Appellationskammer in Gnadensachen. Erörterung der Frage, ob die Zahl der Halsgerichte ähnlich wie in Mähren zu restringiren sei. Diesbezügliche Resolutionen der Kaiserin M. Theresia. Neuerliche Erhebungen seit dem J. 1762 unter Vorlage amtlicher, den Gang der Strafrechtspflege betreffender Cabellen. Schlechter Zustand der Gefängnisse. Geringes Jahreseinkommen der Gerichtspersonen. Antrag der Appellationskammer, daß sämmtliche Halsgerichte Böhmens auf 30 zu reduciren, mit rechtkundigen Männern zu besetzen und diese gehörig zu dotiren, gleichzeitig aber auch die Arreste zu erweitern seien. Art und Weise, wie man bis dahin die Criminalunkosten zu decken suchte. Wichtiger Unterschied zwischen öffentlichen und Privatdelicten, sowie ob den Halsgerichten ex jurisdictione propria vel vicaria Kosten erwuchsen. Inanspruchnahme der sog. Administularfonde. Beiträge der Israeliten, falls ihre Glaubensgenossen in strafgerichtliche Untersuchung geriethen. Vorschläge, wie in Hinkunft ein ausreichender Criminalfond zu schaffen wäre. Antrag, daß hiezu aus der cassa salis beizusteuern ist. Einholung mehrfacher Gutachten über die in Rede stehenden Projecte. Institut der innerösterr. Banngerichte. Preußisch-schlesische General-Inquisitoren. Anregung der Frage, ob eine dieser beiden Institutionen in Böhmen einzuführen sei. Nachtragsbericht der böhmischen Appellationskammer vom 29. September 1764, namentlich betreffs der durch die beabsichtigte Organisirung der Halsgerichte in Aussicht stehenden Kosten. Prüfung dieses Gutachtens durch die Compilationscommission. Anträge der letzteren in Ansehung der Beitragsleistung aller außer Wirksamkeit tretenden Halsgerichte. Zehnjähriger Durchschnitt der bei den Halsgerichten aufgelaufenen Strafkosten. Crimina excepta. Standrechtliches Verfahren. Besondere Bestimmungen betreffs der Desertion und Falschwerbung. Äußerung des Oberstburggrafen und des Appellationsgerichts-Präsidenten in Prag, über die Anträge der Compilationscommission. Armen-Seelen-Aufschlag. Votum des Grafen von Blümegen. Vorlage des ganzen Operates im Wege des Staatsrathes zur a. h. Entscheidung. Pragmatical-Sanction vom 15. Juli und Patent vom 19. August 1765 . . . . 1—33

Anhang.

		Seite
I.	Hofrescript vom 8. März 1725	34
II.	Project über die Introducirung der Bannrichter in Böhmen, vom 8. März 1725	38
III.	Banngerichts-Instruction für Steiermark vom 22. Mai 1726	40
IV.	Hofrescript vom 16. April 1728	65
V.	Patent v. 13. Juli 1734, betreffend die Erhebung der corpora delictorum	69
VI.	Hofrescript vom 11. April 1737	77
VII.	Standrechts-Patent für Böhmen, vom 14. September 1750	79
VIII.	Hofrescript vom 18. November 1752	83
IX.	Hofrescript vom 19. Dezember 1752	85
X.	Hofrescript vom 11. August 1762	87
XI.	Bericht des grazer Bannrichters Dr. Carl Rieger v. 7. Juli 1763, über die bei den steirischen Banngerichten beobachtete Procedur	89
XII.	Pragmatical-Sanction wegen Restringirung der Halsgerichte und Votirung des fundi criminalis in Böhmen, vom 15. Juli 1765	95
XIII.	Verzeichnis der Besoldungen, welche 1764 die Gerichtspersonen in den bedeutendsten, zum Blutbanne berechtigten Städten Böhmens bezogen	117
XIV.	Verzeichnis jener Städte und sonstigen Ortschaften Böhmens, woselbst zur Zeit der Regulirung der Halsgerichte (1765) im Sinne des Artikels II der Josephina, die Criminaljurisdiction ausgeübt werden durfte	119

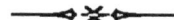

Abkürzungen.

A. g. = allergnädigst.
A. h. = allerhöchst.
A. u. = alleruntertänigst.

G. S. = Gesetz-Sammlung.
Hofd. = Hofdecret.
J. G. S. = Justiz-Gesetz-Sammlung.

Berichtigungen.

S. 17 Zeile 9 v. o. lies: statt zumal den — zumal nach den.
" 23 " 5 " " " " monatlich — chethnulichst.
" 28 " 1 " " " " 355 — 356.